Una historia de

LOS BEATLES

César San Juan Guillén

Diseño de cubierta: Amanda Martínez

Diseño de interior: Regina Richling

ISBN: 978-84-947917-0-3

Depósito legal: B-26.699-2017

Impreso por Sagrafic, Plaza Urquinaona 14, 7º-3ª 08010 Barcelona

Impreso en España - *Printed in Spain*

A la memoria de Juan Carrión e Ivan Vaughan

Estoy buscando melodía
para tener cómo llamarte.
Quién fuera ruiseñor,
quién fuera Lennon y McCartney.

Silvio Rodríguez

Gracias a Swann, PPK y Fer por ser los primeros que me encontré en el camino de la Beatlefilia online. Ese viaje hubiera sido muy distinto sin ellos.

A Eduardo y José Mari, las primeras personas en mi vida que me hablaron de los Beatles, por desbrozarme los inicios del camino sin retorno hacia este libro.

A José Luis Gilsanz, Juan Agüeras y Javier Tarazona por sus consejos para esta publicación, y especialmente a Estefanía Ocáriz y José Carlos Martínez por la corrección del manuscrito.

Gracias a todas mis preciadas amigas y amigos de 'El quinto beatle' por su cotidiana y constante inspiración y a Javier Adolfo Iglesias por juntarnos en Almería.

Gracias a Alberto y a Gabriel por compartir "escarabajadas". No era Abbey Road pero lo pasamos bien. Y a Eneko por hacer que, tras inolvidables sobremesas beatlefílicas, el destino de la Gretsch G6122-1962 Country Classic II se cruzara en mi vida.

Gracias sobre todo a Estefanía y Noa por hacerme tan feliz.

Gracias a la Orquesta de Instrumentos Reciclados de Cateura por enseñarme que la música puede cambiar el mundo.

Índice

El porqué de este libro:

beatlefilia de autoayuda

Si usted no necesita una razón para leerse un libro sobre los Beatles puede pasar por alto este capítulo introductorio, como los capítulos prescindibles de *Rayuela*. Si es ese el caso, pero pertenece a la generación del *baby boom* puede que, aun así, le merezca la pena detenerse en estas líneas ya que quizás le suenen familiares frases televisivas como esta: "Mi nombre es Ben Richards, soy piloto de pruebas. Era muy feliz con mi profesión hasta que un médico me dijo que tenía un tipo de sangre muy especial..."

Quizás usted, como es mi caso, lleve grabada esa frase de la serie *El Inmortal* en la memoria de su infancia de los setenta. En la parte más oculta de mi cerebro sé que también anida en algún recóndito lugar *El Fugitivo*, pero era demasiado pequeño. Un *madelman* buceador y la colección de comics de *El Capitán Trueno* completan el repertorio de recuerdos más ancestrales de mi ocio infantil en aquellos años en los que había que hervir la leche, el UHF en blanco y negro, los pinchazos de la bici te los arreglabas tú mismo y debajo de los columpios solo había un charco y gravilla y no los acolchados suelos actuales. Hasta nuestros días –y una vez superada esa fase de la evolución en la que los cinturones de seguridad eran optativos e íbamos cinco niños en la parte trasera de un 600– mi universo estético y recreativo ha girado en torno a una guitarra y al mejor grupo de rock de todos los tiempos: The Beatles.

Mi nombre es César San Juan y soy profesor de Psicología Social en la Universidad del País Vasco. Soy muy feliz con mi profesión pero debo decir que Paul McCartney, John Lennon, George Harrison y Ringo Starr son las personas que durante más tiempo me han hecho disfrutar con su música a lo largo de mi vida. El aspecto más frustrante de esta afición es, sin duda, que empecé a escuchar a esta banda cuando ya se habían separado, lo que en mi caso implica que llevo cerca de cuarenta años escuchando las mismas 211 canciones de su catálogo (quizás sean 213 si incluimos «Real Love» y «Free as a Bird»). Sin embargo, y he aquí su magia, hoy día siguen sorprendiéndome.

Se podría pensar, en fin, que soy un *beatle-maníaco* pero, en realidad, odio ese sufijo. 'Manía', según la RAE, hace referencia a una preocupación caprichosa y a veces extravagante por un tema o, también, a la afición exagerada por algo. En modo alguno se podría considerar extravagante mi interés por los Beatles y mucho menos exagerado considerando que es, sin lugar a dudas, el mejor grupo de la historia, el mejor grupo del mundo. Por esta razón, a pesar de que la *beatle-manía* ha sido el titular más repetido para referirse al impacto social y mediático de esta banda, no puedo sentirme identificado con lo que dicho titular representa.

Sería mucho más preciso y fiel a la verdad apelar al sufijo 'filia' que, sin ambages, significa afición o amor a algo. Podría considerarme, si me permiten la falta de modestia, incluso como *Beatlelólogo*. Este concepto haría referencia al experto en una ciencia, la *beatlelología* y, si bien el término me lo he podido inventar a vuelapluma, no el *corpus* teórico que la sustenta. Y es que los Beatles han sido objeto de estudio en cursos de verano como el organizado por la Universidad de Almería en 2006 titulado "Los Beatles: Su música y su tiempo" o el de la Universidad de Sevilla de 2010 "The Beatles: Música e imagen" con la maratoniana actuación de Los Escarabajos. Andalucía siempre a la cabeza de la *beatlelogía*, casi a la altura de la Universidad de Liverpool que –igual que la Universidad de Illinois– oferta el curso de post-grado *The Beatles: Popular Music and Society*. Me imagino que sus organizadores no tienen una idea muy clara de las salidas profesionales de esta formación, pero me temo que a sus alumnos les trae sin cuidado. Su motivación es otra: la *beatlefilia*.

Y este es mi caso, me invade la *beatlefilia*, y quizás sea también el suyo si ha tomado la decisión de comprar este libro. Por eso creo que podrá verse identificado en muchas de las sensaciones y experiencias que aquí se relatan.

En una ocasión, mientras paseaba por Málaga con mi amigo Santiago, profesor de la Universidad de Barcelona, me preguntó curioso,

- A ti ¿por qué te gustan los Beatles?

Rápidamente se corrigió a sí mismo y reformuló su fallida pregunta inicial.

- Mejor dicho, ¿por qué te gustan SOLO los Beatles?

Para aclarar esta cuestión siempre apelo al ejemplo estadístico de los *outliers* o valores atípicos. El caso de las mediciones de temperatura es muy didáctico. En el cálculo de la temperatura media de diez objetos en una habitación, si la mayoría tiene entre 20 y 25°C pero hay un horno a 350°C, la media será de 55°C, pero se trata de una referencia engañosa ya que está condicionada por un elemento que se sale extraordinariamente de la media. Y ésta es la clave de los *outliers*.

Por supuesto que me gustan otros intérpretes. Silvio Rodríguez, Eric Clapton, Gabinete Caligari, Queen, Benny Goodman, David Bowie, Peret, M Clan, Neil Young, Elvis Costello y Presley, Carl Perkins, Marvin Gaye, Beach Boys, Kiko Veneno y, qué se yo, etcétera, etcétera (aunque reconozco que en la lista no prodigan autores de los últimos veinte años). Pero, en otra liga, como *outlier* o valor atípico, está el horno a 350ºC. Están los Beatles.

Entiendo que los valores de la temperatura son datos objetivables mediante un termómetro, mientras que el valor de una obra de arte fluctúa a merced de los cambios culturales y estéticos. Por eso no deja de encerrar un cierto misterio, en función de este relativismo, que los Beatles después de ser un grupo de referencia en los sesenta, lo hayan sido también en los setenta, en los ochenta, en los noventa y en las primeras décadas de este nuevo siglo, no habiendo razones para pensar que la situación vaya a cambiar en las próximas. En el aniversario de la publicación del *Sgt. Pepper*, este álbum ha vuelto a ser Número 1 en el Reino Unido. ¿Algún grupo de su época puede decir lo mismo?

Pero ¿por qué esto es así? ¿Dónde reside esa magia a la que aludía? Serían varias las razones y trataré de identificar algunas de ellas.

- **Las melodías.** Lo más importante de una canción en palabras de Emilio Estefan. Hay buenas melodías en los Beatles y la primera conclusión que uno puede extraer de cualquier disco de este grupo es que hay muchas buenas melodías. Creo que es indiscutible la extraordinaria capacidad creativa de Paul McCartney y John Lennon. A mi juicio, dos auténticos genios de la música que viven no solo en el mismo planeta y en el mismo siglo, sino que además coinciden en la misma ciudad y, como prueba irrefutable de la existencia de un Ser trascendente, se hacen amigos. El resultado son propuestas melódicas audazmente sencillas como por ejemplo «Two of Us» (del álbum *Let It Be*) que, fuera de toda lógica y tras un estribillo en Sol que podríamos considerar casi previsible, rompe la melodía con un puente en Si bemol. O sencillamente audaces, como en el caso de «Eleanor Rigby» que, tras el barroquismo envolvente que le procuran los arreglos orquestales de George Martin, esconde una melodía resuelta con prácticamente dos acordes. En fin, una interesantísima paradoja creativa. Si a todo esto añadimos el trabajo del ingeniero de sonido Geoff Emerick, a partir de *Revolver* –su séptimo álbum de estudio– el resultado es una más que sobresaliente *ratio* de canciones extraordinarias por disco.

- **La evolución y dispersión de estilos.** Solo pasan tres años entre *Please please me* y el citado *Revolver*, demasiado poco tiempo para mediar entre ellos una eternidad estética. En todo caso, al año siguiente de *Revolver* conciben el primer álbum conceptual de la historia: *Sgt. Pepper*. Esta vertiginosa evolución creativa debemos cruzarla con una gran diversidad de estilos. La mayor parte de los discos que escucho de otros grupos mantiene en todos los cortes una misma idea musical. En grupos globales como Oasis, Wilco, Coldplay, etcétera, ¿qué evolución estética se da en tres años de su recorrido musical? Ninguna, a mi juicio. La música que escucho ahora me puede gustar más o menos, pero difícilmente me sorprende.

Primera y útima foto de los Beatles en una azotea…con solo ocho años de diferencia.

Por otra parte, los Beatles tocaban de todo: pop, rock, blues, country, music hall, y cuando solo se conocían los albores del hard rock, Paul compone «Helter Skelter». Oasis se considera un grupo pionero del indie rock, algo que, décadas atrás, ya habían inventado los Beatles sin saberlo. ¿Alguien da más?

- **La experiencia estética.** Vygotsky (psicólogo ruso, 'padre' de la Psicología Cultural), en su *Psicología del arte* defiende que la experiencia estética –la razón por la cual nos emociona una obra de arte– se debe a la contradicción convergente de forma y contenido. En los Beatles existen múltiples ejemplos de este recurso. Es el caso por ejemplo de la rítmicamente country «I Am a Loser», donde Lennon desnuda un profundo sentimiento de amargura ("¿qué he hecho yo para merecer este destino?"). Lennon también grita en «Help», (socorro), que necesita a alguien, necesita ayuda y se siente deprimido e inseguro, y lo hace con una partitura que podría definirse como trepidante y eufórica. También dan un sorprendente giro como letristas en «Nowhere Man», una letra muy existencialista arropada con una armonía de voces con cierto aire esperanzador: "Es un auténtico hombre de ningún lugar, sentado en su país de ningún lugar, haciendo todos sus planes de ningún lugar para nadie. No tiene ningún punto de vista, no sabe adónde va, ¿no es un poco como tú y como yo?".... ¿Hay algo más desazonante con una partitura tan alentadora?

Creo que, racionalmente, éstas serían algunas de las características que explican mi *beatlefilia*. Si usted experimenta este síndrome puede que sea por otras razones o esté causado por otros síntomas. O no. En todo caso, somos fácilmente identificables por nuestro entorno. Efectivamente, una de las características de la *beatlefilia* es que los que la disfrutamos manifestamos un deseo incontenible de hablar del tema a todo aquel que, por lo general, esté dispuesto a escucharnos. Y digo, por lo general, ya que, en mi caso, es mi mujer –a la que no le interesan especialmente los Beatles– la destinataria de todos mis análisis históricos y musicales de la banda en cuestión. Un buen día, supongo que con la esperanza de desviar mi atención a una actividad que la librara de atender mis alegatos cotidianos sobre el tema, me propuso con disimulada espontaneidad, casi como si se le hubiera ocurrido en ese momento: "Oye, ¿por qué no escribes un libro sobre los Beatles con todas esas historias que me has ido contando?" Como me pareció una excelente idea me puse inmediatamente manos a la obra, con lo que ella creyó felizmente haber descubierto la fórmula para reducir mi dosis del cansino 'momento beatle' diario. El problema es que, además de escribir el libro, tuvimos una hija, guitarrera y amante de los Beatles como su padre –parece ser que la *beatlefilia* tiene un componente genético y/o ambiental claro–, de forma que ahora en casa no se habla de otra cosa. Lo siento, cariño.

Ya solo me queda plantar un árbol. Un árbol de mandarinas y cielos de mermelada.

PD: I love you

PD²: Como ya he indicado, me gano la vida como profesor de Psicología en la Universidad del País Vasco. Así que me ha parecido que podía ser una buena idea ceder todos los *royalties* de la obra a un proyecto social y musical. En concreto a la Orquesta de Instrumentos Reciclados de Cateura. Este proyecto demuestra, a mi juicio, algo en lo que creo firmemente: el increíble poder transformador de la música.

PD³: Soy un ferviente seguidor del movimiento *Slow Reading*. Me acabo de inventar el concepto pero en todo caso, para disfrutar del libro en toda su plenitud, le convendría acompañarse de unos auriculares, un móvil o tableta con lector de códigos QR y una cerveza bien fría. Gracias por su colaboración.

La memoria

Ivan Vaughan: un hombre y millones de destinos

Como sabrán los fans de los Beatles, un día sí, otro puede que también, estamos de aniversario. El aniversario del *Sgt. Pepper*, el de «Love me Do», el último concierto en la Caverna, en Estados Unidos, en la azotea de Apple Corps, etcétera. En fin, un apetecible sinvivir. Álbumes, efemérides, cumpleaños o conciertos relacionados con los Beatles son motivo de íntimo júbilo y celebración casi cada día del año. Y de entre todos ellos destaca el acontecimiento más importante, el decisivo, el imprescindible, del que hemos celebrado el 60º aniversario en julio de 2017. Y no es otro que el día en que se conocieron Paul McCartney y John Lennon gracias a la corazonada de un amigo común: Ivan Vaughan. Gracias Ivan, te lo debemos todo, como un mágico e irrepetible 'efecto mariposa'.

John Lennon con los Quarrymen.

El 'efecto mariposa' es un concepto ligado a la denominada Teoría del caos. La idea es que dadas unas condiciones iniciales en un determinado sistema caótico, la más mínima variación en ellas puede provocar que el sistema evolucione en formas completamente diferentes. Es decir, la introducción de una pequeña variable podrá generar, mediante un proceso de amplificación, un efecto considerablemente grande en un intervalo de tiempo indeterminado. Exactamente éste es el proceso que tuvo lugar a partir del 6 de julio de 1957 y que dio como resultado la banda más importante de todos los tiempos. Es una fecha que tengo marcada en rojo en el calendario para tomarme una cerveza en cada aniversario en honor de Ivan Vaughan, el hombre que lo empezó todo.

Ivan estudió en el instituto de Liverpool y era compañero de clase de Paul McCartney. Esporádicamente tocaba el bajo en el incipiente grupo de John Lennon, los Quarrymen, nombre que obedece al hecho de que John estudiaba en el Quarry Bank High School. El estilo que explotaba este grupo, como las decenas de bandas británicas de la época, era el skiffle. El skiffle transita entre el country y el folk americano llegando a ser muy popular en el Reino Unido a finales de los años cincuenta. Como toda la música country, tiene influencias del jazz y el blues y los grupos lo interpretaban normalmente con guitarra acústica, banjo, guitarra resonadora o contrabajo aunque también, por razones de oportunidad, se echaba mano de cualquier cosa como peines, tablas de lavar o, a modo de bajo, una simple caja, o balde metálico, con un palo de escoba clavado y una cuerda en tensión entre el extremo del palo y la caja: el famoso *tea chest bass*.

Tea chest bass, visiblemente desafinado. Fotografía de John Owen Smith.

El 6 de julio de 1957, Ivan se llevó a Paul McCartney a la fiesta parroquial de Woolton, donde iban a actuar los Quarrymen, con la intención de presentarle a John Lennon. Sucedió que John, a pesar de que era notoriamente cauteloso con los extraños, se quedó muy impresionado con Paul porque, entre otras cosas, supo afinarle correctamente la guitarra. El resto de la historia ustedes ya la saben y huelga decir que el mundo hubiera sido completamente diferente si, en el caótico devenir de la vida, Ivan Vaughan no hubiera pensado aquel 6 de julio que podría ser una buena idea que Paul y John se conocieran. Porque recordemos, queridos amigos, que según el 'efecto mariposa', la más mínima variación en las condiciones iniciales puede provocar que el sistema evolucione en formas completamente diferentes. Consideremos, por ejemplo, el perfil psicológico de Lennon y que, no lo olvidemos, debía admitir en el grupo a una persona más joven que él pero que era indudablemente mejor músico. Es decir, el destino pudiera haber sido perfectamente muy diferente sin llegar a otras posibilidades más azarosas, como la que propuso mi amigo José Carlos Martínez, profesor de Lengua Española en un instituto de Zafra (Badajoz), en una de sus inquietantes ucronías:

-IVAN- ¿Qué pasó? Te estuve esperando toda la tarde en St. Peter´s Church.

-PAUL: Lo siento, Ivan. No pude coger el bus: había huelga de transportes.

-IVAN: Bueno, tampoco te perdiste gran cosa. La pena es que no conociste a John.

- PAUL: Bueno, me han dicho que no es nada del otro mundo y, además, se inventa las letras.

...Y la década siguiente continuó siendo en blanco y negro.

Paul McCartney con Ivan Vaughan

Otro factor decisivo en este devenir fue la supresión del servicio militar obligatorio. No es broma. El batería de los Beatles, Ringo Starr, dijo en una entrevista en mayo de 2008 que el fin del "servicio nacional obligatorio" en Gran Bretaña hizo posible que los Beatles existieran.

Dicho de otra forma, lo realmente excepcional fue que Paul y John acabaran en el mismo grupo.

Nuestros dos protagonistas, en todo caso, ya se conocían de vista al estar sus casas muy próximas una de otra. Pero, en ese momento, la apariencia de John, de 17 años, era ya de adulto, con su *look* Elvis, mientras que Paul, dos años más joven, seguía con su cara de niño. De hecho, todavía la sigue teniendo hoy en día bajo sus sajonas arrugas.

Tras la actuación de The Quarrymen se retiraron a la sala donde tuvo lugar la reunión más trascendental de la historia de la música popular. Lo cierto es que Paul dejó impresionado a todos los presentes después de tocar con la guitarra afinada «Twenty Flight Rock» de Eddie Cochran y resolver con el piano «Whole Lotta Shakin Going On» de Jerry Lee Lewis. Definitivamente, Paul era mejor que John... Momento de tensión: John tuvo que decidir si quería seguir siendo la estrella indiscutible de un mediocre grupo del montón o incorporar a alguien que sin duda le iba a hacer sombra pero que redundaría en el fortalecimiento y empaque del grupo. Es exactamente lo que plantea Tucker en su conocido 'Dilema del prisionero' de la Teoría de juegos: invertir una cierta dosis de sacrificio individual en favor del beneficio grupal. Lennon decidió lo correcto. ¡Uf...!

El imprescindible Ivan Vaughan –que compartía con Paul la fecha de nacimiento, el 18 de junio de 1942 (ese día, en justicia, debería tomarme dos cervezas)– se hizo profesor de lenguas clásicas pero siguió manteniendo el contacto con los Beatles durante años, sobre todo con Paul. Su esposa Jan era profesora de francés y ayudó a éste con la letra de «Michelle» ("ma belle, sont des mots qui vont très bien ensemble"). Ivan también estaba con Paul McCartney en uno de sus primeros encuentros con Linda Eastman en Los Angeles. En fin, lo que quiero decir es que Ivan fue una persona de bastante relevancia en la vida de Paul.

Lamentablemente, siendo todavía muy joven le diagnosticaron Parkinson y falleció el 16 de agosto de 1993. Publicó en 1986 un libro titulado *Ivan: Living with Parkinson's Disease*. Como nos recuerda Peter Ames Carlin en la biografía de Paul McCartney, la muerte de Ivan inspiró a Paul para volver a hacer poesía, algo a lo que no se había dedicado desde que ambos eran alumnos del Liverpool Institute. El primer poema se tituló inequívocamente «Ivan» y no tardaron en llegar otros que fueron publicados en el volumen *Blackbird Singing*. Por su parte, en el libro editado por Hunter Davies que compila las cartas de John Lennon aparece un dibujo que le dirige también a Ivan Vaughan en torno a 1971. Davies sugiere que posiblemente fue un regalo para un libro o algún evento benéfico de los muchos que promovió Ivan en favor de la investigación para encontrar una cura para el Parkinson. Los resultados de su esfuerzo, por desgracia, no llegaron a tiempo.

Paul y George Harrison, por su parte, ya se conocían. Pasaban algunas tardes tocando canciones después de descubrir el interés de ambos por las guitarras en el trayecto que compartían en el autobús de cada mañana al instituto. Fue Paul quien finalmente le presentó a John, pero el hecho de que George fuera mucho más joven que ellos (varias décadas después, éste confesaba en una entrevista con su proverbial ironía que "incluso ahora soy más joven que ellos") dificultó su entrada en los Quarrymen. Así las cosas, según recoge la biografía de Harrison de Tarazona & Gil, tras un concierto de Buddy Holly y los Crickets en marzo del 58, Paul le propuso a George escribir canciones juntos. Después de varios temas compuestos por ambos –perdidos para siempre– llegaron incluso a contemplar la posibilidad de formar un dúo, al estilo de los Everly Brothers. Este proyecto no prosperó porque, finalmente, ese mismo verano, Harrison fue admitido en los Quarrymen porque había hecho un curso de aprendiz de electricista que Lennon consideró que sería muy útil para el mantenimiento del penoso equipo de la banda. Además, era el que más acordes se sabía con la guitarra, lo que finalmente le sirvió de salvoconducto para enrolarse en lo que acabaría siendo el mejor grupo del mundo. Si quiere ilustrar esta sección sobre 'la memoria' con su banda sonora, tenemos algunas pistas interesantes.

En el caso de Ringo cabe recordar que formaba parte de uno de los grupos locales más conocidos en el Liverpool de finales de los cincuenta e inicios de los sesenta. Hablamos, claro está, de Rory Storm and the Hurricanes. El caso es que hace unos años, la hermana de Rory hizo limpieza en el trastero –que, por el tiempo transcurrido, ya le venía haciendo falta–y descubrió entre los montones de esas cosas que no sabes porqué vas acumulando, algunas grabaciones con las canciones de la banda. Una vez en manos de la BBC, editaron un recopilatorio del grupo titulado *Live at the Jive Hive*. Inciso: Rory y su madre fueron encontrados muertos en su domicilio el 28 de septiembre de 1972. Entonces fue noticia, aunque nadie reparó en él cuando trabajó de disc jockey en Benidorm tras la separación de la banda. En todo caso la 'rareza' del trastero, solo para coleccionistas, bien podría completarse con el trabajo *Songs We Remember*. Se trata de un álbum de los legendarios The Quarrymen, la banda con el ADN de los Beatles. El álbum fue grabado en los Parr Street Studios de

Liverpool y lanzado el 29 de agosto de 2004 en la Convención de los Beatles de la misma ciudad. El disco está lleno de *covers* de canciones que formaban parte del repertorio habitual de los primeros Quarrymen. También incluye una versión re-grabada de «In Spite of All the Danger», la canción grabada cuando la banda estaba formada por John Lennon, Paul McCartney, George Harrison, el pianista John Lowe y el batería Colin Hanton. También se incluyen canciones que fueron versionadas o escritas por los Beatles.

La iniciativa de Ivan Vaughan (que pudo no ser), el servicio militar británico (que pudo seguir siendo obligatorio), coincidir Paul y George de camino a casa en el mismo autobús o incluso, quién sabe, que un absoluto desconocido como fue Raymond Jones no hubiera ido a la tienda de discos NEMS –en Liverpool, regentada por Brian Epstein– para pedir un disco de un grupo desconocido llamado "Beatles o algo parecido" y que este último decidiera convertirse en mánager del grupo, todo hubiera podido ser muy diferente. En un universo caótico, a veces los planetas se alinean. Así que hoy, cualquiera que sea el día, es un buen momento para agradecer que todo encajara en el probablemente mejor destino posible. Pero hablando del destino...

Giros inesperados del destino

La memoria histórica, normalmente invocada tan solemnemente, nos muestra en ocasiones que el destino puede llegar a tener, por decirlo de alguna forma, cierto sentido del humor. Edison abandonó la escuela a los 9 años porque sus profesores consideraron su escolarización una total pérdida de tiempo y Antonio Machado suspendía con reincidencia Latín y Lengua Española. No es que los quiera comparar, pero hubo una vez que alguien dijo a los Beatles algo así como que "los grupos con guitarra no tenían futuro". Me refiero a la grabación que hicieron antes de ser los 'Fab Four' buscando fortuna, sin éxito, en el sello Decca.

No son pocas las voces que sugieren que quizás los entonces Silver Beatles no tuvieron su día, pero lo cierto es que no fue la única compañía que pasó completamente por alto el potencial de esta enésima banda de Liverpool. Su representante y mánager, Brian Epstein, llamó a las puertas de Columbia, Pye, Philips y Oriole con idéntico resultado, aunque en estos casos no les pareció interesante ni tan siquiera hacer una prueba al grupo. Había demasiados.

La audición en Decca fue al día siguiente de un viaje de diez horas a Londres porque Neil Aspinall, que conducía la furgoneta que llevaba a los Beatles, se perdió. En concreto el 1 de enero de 1962, sin celebración alguna del año nuevo, John, Paul, George y Pete Best grabaron quince canciones en una hora bajo la atenta mirada del productor Tony Meehan. Ésta sería la primera broma del destino si consideramos que Meehan hacía apenas dos meses que había abandonado su puesto a la batería de los Shadows, el grupo con la guitarra solista más limpia del pop de los sesenta y que, paradójicamente, acabaría más tarde siendo borrado del panorama musical por los Beatles, los mismos que en ese momento no merecían una oportunidad.

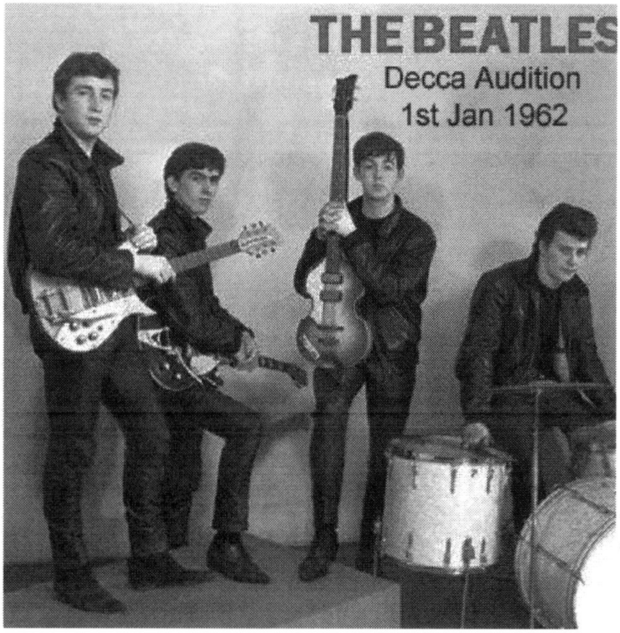

Grabación de la fallida audición en Decca.

Para esta audición, Epstein apostó por algunas de las primeras composiciones Lennon-McCartney como «Like Dreamers Do», «Hello Little Girl» *y* «Love of the Loved». En el resto del repertorio había grandes joyas de Chuck Berry, «Memphis, Tennessee»; de los prolíficos Leiber y Stoller, «Three Cool Cats» y «Searchin»; del imprescindible Buddy Holly, «Crying, Waiting, Hoping» y la deliciosa «Till There Was You» de Meredith Wilson. En fin, un puñado de los artistas que marcaron una impronta indeleble en los Silver Beatles para siempre. Para un repaso exhaustivo del repertorio de los Beatles en la época de The Cavern y Hamburgo, dos recomendaciones: Por un lado en el

CD *The Influences Behind The Beatles* nos encontramos con temas originales de Larry Williams, Elvis Presley, Buddy Holly, Little Richard y un largo etcétera, además del citado Chuck Berry. Setenta y cinco minutos de diversión asegurada a lo largo de sus treinta cortes. Sin desperdicio, la segunda recomendación que lleva el explícito título: *Under the Influence: The Original Versions of the Songs The Beatles Covered* es una recopilación de los veinticuatro temas originales que los Beatles versionaron en sus discos tales como «Anna», «A Taste of Honey», «Twist and Shout», «Please, Mr. Postman», «Mr. Moonlight», «Dizzy Miss Lizzy», «Bad Boy», en fin, etcétera, etcétera.

En una de las últimas entrevistas que concedió, John Lennon hizo un comentario casi previsible viniendo de él pero que, en todo caso, no puede dejar de sorprender: "...Si tuviera ahora una guitarra y estuviéramos aquí pasando el rato, cantaría temas de la primera mitad de los cincuenta: Buddy Holly y todo eso. No me acuerdo de las canciones de The Beatles... mi repertorio sería la música que tocaban The Beatles antes de componer, todavía disfruto tocando eso...". Chocante Lennon, como casi siempre, aunque debe reconocerse que a veces da la sensación de que artistas como Buddy Holly o incombustibles como Chuck Berry son infinitos, incluso después del reciente fallecimiento de éste a los 90 años (18 de marzo de 2017). Siempre ha estado ahí, y parece que permanecerá siempre. Algo así como B.B. King, fallecido en 2015 con 89 años. Ya eran eternos en vida...imagínense ahora.

Como curiosidad, y en homenaje a Chuck Berry 'el Inmortal', os invito a ver este vídeo en el que aparece acompañado por John Lennon

Volviendo al repertorio de aquella infructuosa audición en Decca, el guiño más sugerente del destino está relacionado con otro de los temas que interpretaron: «To Know her Is to Love her» compuesta por... (tachán, tachán) Phil Spector. A pesar de que este tema fue Número 1 en 1958, los Beatles probablemente no podían ni siquiera imaginar que Spector estaba llamado a ser el productor musical, con su empalagoso 'muro de sonido', del álbum *Let It Be* editado doce años después, siendo los Beatles ya un grupo disuelto de estrellas planetarias.

Siguiendo con esta sección de giros inesperados del destino, los que ese mismo día de la audición de los Beatles en Decca SÍ pasaron la prueba fueron The Tremeloes... ¿Quién no tiene un álbum de los Tremeloes en su casa?... en fin, no hagamos leña del árbol caído. En realidad, The Tremeloes fue una estupenda banda que estuvo publicando álbumes hasta 1989 y cuyos miembros vivos siguen dando guerra en la carretera. Y eso tiene mucho mérito.

Tremeloes, el grupo al que aceptó Decca en lugar de a los Beatles.

En todo caso, rechazar a los Beatles pasa por ser la decisión menos afortunada en la historia de la industria musical, seguida muy de cerca por la que estaría lamentando Allan Williams hasta su fallecimiento en diciembre de 2016. Allan fue durante tres años el mánager de los Beatles, antes de cederle la representación de la banda a Brian Epstein por nueve libras. Esas nueve libras fueron en concepto de una comisión del quince por ciento por los conciertos que había organizado en Hamburgo para los Beatles y que no percibió. No me consta en qué se las gastó pero sí que cuando, solo dos años después, vio a los Beatles tocar para la Reina Madre de Inglaterra, lanzó el cojín del sofá contra el televisor. Y podemos intuir porqué: otro giro inesperado del destino.

Pero no fue el batería de los Silver Beatles, Pete Best, quien alcanzó esa gloria real con las baquetas. Tenía que incorporarse Ringo Starr. Aunque antes, por los Beatles, pasaron otros baterías.

Los otros baterías de los Beatles

Hace unos días, mientras intentaba emular sin éxito lo que hace Ringo con los bongos en el temazo pop «You're Going to Lose That Girl», recordé la irónica alusión de John Lennon sobre los baterías de los Beatles. "¿Es Ringo Starr el mejor baterista del mundo?" Fue la pregunta concreta que un periodista le hizo a Lennon: "Ni siquiera es el mejor baterista de The Beatles", fue su rápida, cruel e ingeniosa respuesta.

Digo que se trataba de una ironía porque su intención no era tanto alabar las cualidades de esos otros baterías de los Beatles como poner en aparente evidencia que Ringo Starr era prescindible. A veces John podía ser innecesariamente mordaz ya que, en realidad, siempre admiró a Ringo y su valía con las baquetas. De hecho, después de la separación de los Beatles son varias las colaboraciones de uno en los trabajos del otro.

En todo caso, parece claro que con aquella frase no se refería a los otros baterías que realmente habían formado parte de la historia de los Beatles. Como por ejemplo Colin Leo Hanton, al que podemos atribuir la distinción de ser el batería que estaba tocando con los Quarrymen el famoso día de la fiesta parroquial de Woolton en el que se conocieron Paul y John y, lo que es más importante, el primer hombre a las baquetas situado detrás del terceto Lennon, McCartney y Harrison.

También ocupó este puesto Tommy Moore, reclutado por Allan Williams para los Silver Beatles. Moore tenía un perfil psicológico algo frágil, lo que le convirtió en un blanco fácil para el mordaz sentido del humor de Lennon. Quizás una de las razones por las que tampoco duró mucho tiempo. El que pudo haber durado más fue Norman Chapman, un solvente batería que, sin embargo, sí fue reclutado por el servicio militar británico justo antes de abolirse la obligatoriedad, perdiendo el tren a una fama que el destino no le tenía reservada.

A quien se refería realmente John Lennon con su respuesta al periodista era a Paul McCartney. Cuando Ringo Starr, harto de sentirse prescindible, dejó el grupo durante las sesiones de grabación del *White Album*, fue Paul quien se puso a tocar convincentemente la batería en «Back in the USSR» y «Dear

Prudence». En todo caso la pista a la batería en el primero de estos temas se recargó con sendas contribuciones de Lennon y Harrison, convirtiéndose «Back in the USSR» en la única canción del catálogo de los *Fab Four* en la que tocan la batería todos salvo Ringo Starr.

En todo caso, después de Hanton, Moore y Chapman, el primero reseñable fue el citado Pete Best. Pete era hijo de Mona Best, propietaria del Casbah Club, situado en el sótano de su propia casa, que fue el lugar donde los Beatles tocaron por primera vez. Antes incluso que en el famoso Cavern. Son varias las razones por las que Best fue expulsado de los Beatles, pero todas parecen tener en común que Paul, John y George estaban de acuerdo, y tanta gente no puede estar equivocada. En todo caso sí parece que Best, no siendo un mal batería, ofrecía una base rítmica previsible que contrastaba con el estilo de Ringo con un despliegue de recursos más creativo y personal que, en contra de la creencia popular, influyó en el estilo de grandes baterías posteriores, como así lo ha reconocido en muchas ocasiones el propio Phil Collins.

Los Beatles con Pete Best.

Como comentaremos más adelante, Pete Best es una de las personas a las que se suele atribuir el itinerante título de 'quinto beatle', inmerecido estatus si nos atenemos a la fugacidad de su presencia en el grupo. No fue fácil para Best asimilar este ascenso y caída, en el que un día estás firmando autógrafos y el siguiente eres dependiente en una panadería. Pero parece que, aunque tardíamente, Liverpool le ha resarcido de alguna forma inaugurando la calle Pete Best Drive. Claro que Best no fue el único que pasó por el taburete de la batería del cuarteto de Liverpool.

El siguiente de la lista fue Andy White, que participó en la grabación del primer éxito «Love me Do» debido a las reticencias iniciales del productor George Martin sobre las competencias de Ringo Starr con las baquetas. No debió ser plato de buen gusto para Ringo ser relegado en aquella grabación al 'humillante' puesto de pandereta. Sin embargo, la toma que en todo caso se llevó a cabo con Starr a la batería la hemos podido escuchar décadas más tarde en el *Anthology* y los *Past Masters* recopilatorios. Como nos recuerda el ingeniero de sonido Geoff Emerick en sus memorias, es fácil distinguir ambas grabaciones, ya que en esta postergada versión no hay nadie a la pandereta.

Andy White grabó la batería en «Love me Do» para unos todavía desconocidos Beatles Fotografía: Michael Norcia/Rex Shutterstock.

Quizás más dura que la incursión de Pete Best en los Beatles fue la de Jimmie Nicol. Nicol fue llamado para sustituir a Ringo Starr, que estaba aquejado de una amigdalitis, ante la inminencia de una gira mundial que los Beatles iniciaban el verano de 1964. Ocupó el puesto de Ringo formando parte del grupo en los actos de recibimiento, despedida, ruedas de prensa, etcétera, además de los conciertos. En todas las ocasiones Jimmie se metió quizás demasiado en el papel del beatle seducido por la repercusión de sus consecuencias más inmediatas ("fama y mujeres", por hacer un resumen rápido de sus propias impresiones), cortándose el pelo *ad hoc* y vistiendo incluso los trajes del propio Ringo. Siempre he pensado que aquello no fue una buena idea: no solamente porque los pantalones le quedaban indisimuladamente cortos, sino porque no era necesario exhibirse de esa forma sabiendo el carácter puntual y puramente esporádico de la situación. Tuvo que pisar el suelo otra vez (morder el polvo sin necesidad de forzar la metáfora) cuando Ringo se reincorpora a la banda en Australia. De trayectoria vital algo errática, Nicol pasó por una bancarrota y por alguna banda intrascendental para más tarde residir en México, donde creó una fábrica de botones. En 1975 regresó sin demasiada fortuna a Londres, donde parece ser que reside modesta y anónimamente. En todo caso, hace ya años que está fuera de los focos mediáticos. En una de las últimas entrevistas que concedió a la prensa confesaba sus sensaciones en una frase que resume a la perfección lo que he tratado de expresar en los párrafos anteriores:

> "Cuando los fans se olvidan, se olvidan para siempre. Después de los Beatles he tocado algunos años, pero ahora estoy lejos de la escena musical. Quiero decir, cuando has tocado con los mejores, el resto es solo el resto."

Pero así como Pete tuvo su Pete Best Drive, también Jimmie tuvo su dosis de resarcimiento, aunque esta vez fue lejos de Liverpool. Esa gira mundial llevó a los Beatles, entre otros países europeos, a Holanda. En este país tocaron dos conciertos en la pequeña ciudad de Blokker, donde en 1999 se erigió un monumento en recuerdo de aquel evento en el que se podía ver representados a los cuatro Beatles en la portada de un álbum ficticio, con los temas que interpretaron en directo, junto a un tocadiscos a gran escala. El problema de esta obra conmemorativa es que no fue Ringo Starr quien tocó en Blokker, sino Jimmie Nicol.

Monumento conmemorativo del paso de los Beatles por Blokker en el que, erróneamente, aparece Ringo.

El error fue corregido en junio de 2013 y se inauguró de nuevo en presencia de su hijo, Howie Nicol que, a pregunta de los periodistas, confesó que hacía ya diez años que no sabía nada de su padre. Demasiado tiempo. Quizás el viejo batería jamás supo de la existencia de este reconocimiento.

Howie Nicol es un técnico de sonido que ha trabajado en películas como *Flashbacks of a Fool* (2008) protagonizada por Daniel Craig o el corto *Crack* (2015) nominado a los premios BAFTA (Premios de Cine de la Academia Británica). También lo podemos encontrar en los créditos de (y aquí viene otro giro inesperado del destino) el *The Beatles Anthology* (1995). Quizás alguien en la sala de grabación reparó en el semblante de Howie cuando en el episodio 3 del *Anthology* se editaron y produjeron las imágenes de la gira mundial del 64 con Jimmie Nicol a la batería. No lo sé. Pero hay algo de justicia poética en el hecho de que su hijo acabara responsabilizándose del sonido final en este monumental recopilatorio. Quizás para Howie Nicol fue una tarde de trabajo como otra cualquiera, pero no puedo evitar imaginarlo subiendo un poco más de lo necesario la palanquita del volumen de la pista de la batería para que la huella de su padre quedara aún más patente. Quién sabe.

Howie Nicol reinagurando el monumento de Blokker,
esta vez con la cara de su padre.

También a Andy White y Jimmie Nicol se les dedicó algún titular con el sobrenombre de 'quinto beatle', pero aquello tuvo la misma vigencia que el papel *couché* donde fue impreso. Como sentenciaba Walter Lippmann a sus alumnos de periodismo, las grandes exclusivas de un día acaban envolviendo el pescado del día siguiente.

Y es que el laberinto del 'quinto beatle' siempre ha estado demasiado concurrido...

El concurrido laberinto del 'quinto beatle'

Como no hay dos sin tres, pero donde comen tres, comen cuatro, y siendo cuatro los componentes del mejor grupo de mundo, acuñar el concepto 'quinto beatle' era solo cuestión de tiempo. Claro que siendo muchos los candidatos a los que la prensa especializada les ha otorgado este honor, son pocos, a mi juicio, los que realmente encajan en todo lo que parece conllevar ser el 'quinto beatle' y, probablemente, ni están todos los que son, ni son todos los que están. Así que empecemos por estos últimos. Me refiero, por ejemplo, a dos de los baterías que pasaron por el sillín de la batería de los Beatles, Pete Best y Jimmie Nicol, cuya influencia e impronta en el grupo, sobre todo en el caso del segundo, es puramente anecdótica y tangencial.

De modo que el listado, necesariamente debe comenzar por Stuart Sutcliffe, el primer bajista de los Beatles y amigo íntimo de John Lennon. La pintura y Astrid Kirchherr (la fotógrafa de los Beatles del Hamburgo en blanco y negro) le hicieron dejar la banda antes de que una lesión en el cerebro, consecuencia de una pelea, acabara con su vida. En realidad no sabía tocar el bajo. De hecho solía aparecer de espaldas al público para disimular su nulo dominio de este instrumento. Pero entonces... ¿quién era Stuart Sutcliffe? Podría decirse que era la 'imagen' de los Beatles. Su 'director de arte', como lo llego a definir Harrison. Una premeditada pose a lo James Dean que, como el fugaz actor, murió antes de tiempo. Hace ya más de cincuenta años de su fallecimiento a consecuencia de una hemorragia cerebral. Ocurrió justo unos meses después del lanzamiento del primer single «Love me Do», aunque para entonces Stuart ya no era un beatle. Ni tan siquiera el

Stuart Sutcliffe (centro).

quinto. Era un pintor, con una emergente proyección, enamorado de Astrid. Jamás sabremos cómo hubiera sido la carrera de los Beatles con Stuart. Lo que sí sabemos es cómo fue esa carrera desde que Paul McCartney se hizo cargo de su bajo Höfner. Si cuando alguien muere, nadie lo recuerda, Stuart Sutcliffe, sigue siendo inmortal.

Los primeros Beatles con Stuart 'tocando' el bajo de espaldas al público.

Prosigamos con Brian Epstein. Lógicamente, su descubridor y mánager ha sido para muchos quien mejor podía encarnar el papel de 'quinto beatle'. Como es bien sabido, la decisión de los Beatles de dejar las actuaciones en directo pareció relegarle a un segundo plano, pero lo cierto es que todos los negocios vinculados con Apple Corps (la empresa creada por los Beatles) empezaron a desmoronarse tras su pérdida.

George Harrison, sin embargo, fue partidario de considerar 'quinto beatle' a Neil Aspinall. Compañero de clase de Paul McCartney y amigo de la infancia, tuvo su vida ligada a los Beatles como *road manager* hasta dirigir la citada Apple Corps. Quizás fue el único que, en su día, lamentó el despido del citado Pete Best.

En este incompleto repaso nos quedan interesantes personajes como el bueno de Mal Evans o el ingeniero de sonido Geoff Emerick que como deja claro en su libro titulado *El sonido de los Beatles: memorias de su ingeniero de grabación* tampoco parece querer renunciar a ser considerado el 'quinto beatle'. Pero nos ocuparemos de ellos en otros capítulos.

También podríamos considerar un grupo indeterminado de personas con presencia incidental en los Beatles. Los más destacados, a mi juicio, son Eric Clapton con una colaboración impagable en el *White Album* (de hecho, seguramente, fue impagada ya que ni siquiera aparece en los créditos) al resolver de forma magistral la guitarra solista de «While my Guitar Gently Weeps», y Billy Preston, cuyos teclados convierten *Let It Be*, junto con la discutible producción de Phil Spector, en un álbum con un alma diferente al resto. Casualmente ambos, Eric y Billy, son invitados al cerradísimo círculo beatle por George Harrison.

Michael Thomas, arreglista esporádico de Paul McCartney y miembro del cuarteto Brodsky, que acompaña a Elvis Costello en el interesante álbum *The Juliet Letters* y que, por amor (qué otra cosa) acabó dirigiendo la Orquesta Joven de Andalucía, me dijo en una ocasión en Almería (la cuna de «Strawberry Fields Forever») que algunas canciones de los Beatles no hubieran destacado en absoluto a no ser por los arreglos y la producción de George Martin. Al menos, en lo que concierne a Thomas, deja claro quién es el candidato indiscutible a 'quinto beatle'. Y lo cierto es que en aquel momento no se lo discutí.

Objetivamente, cabe decir que todas las canciones de los Beatles, salvo el citado álbum *Let It Be* (producido por Phil Spector) y el tema del *Sgt. Pepper* «She´s Leaving Home» (arreglada por Mike Leander porque Paul McCartney "no podía esperar" a que George Martin regresara de terminar de producir un álbum para Cilla Back) han pasado por la exquisita producción de Martin. También toca el piano en algunos temas de los Beatles, siendo especialmente delicioso el arreglo de «In my Life», por otra parte la canción favorita de Cynthia Lennon, según confesó en una de sus últimas apariciones públicas.

Sin embargo, siendo indiscutible su impronta, debemos reconocer que la iniciativa estaba claramente marcada por el apetito creativo de Lennon y McCartney, que iban exigiendo prácticamente en cada sesión más innovaciones sonoras. La prueba evidente de esta afirmación es que no hay arreglos de producción adicionales al esquema básico guitarra-bajo-batería en los primeros trabajos hasta que los dos líderes del grupo reclaman a Martin más recursos técnicos, inicialmente de manera puramente intuitiva, ya que sus conocimientos musicales eran todavía limitados. Así llegan las producciones más sofisticadas de «Nowhere Man» (*Rubber Soul*), el arreglo de cuerda de «Yesterday» (*Help*), o el significativo punto de inflexión en *Revolver*, donde encontramos el impresionante y desnudo arreglo de cuerda de «Eleanor Rigby» o la potentísima introducción de viento (trompetas y saxos) de «Got to Get You into my Life» (preludio de la línea que seguiría años más tarde Paul con Wings).

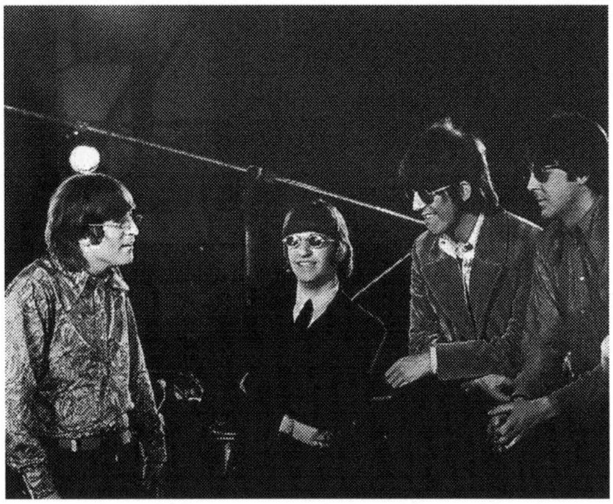

En las sesiones de grabación de *Revolver*.

Otro aspecto que distinguía a los Beatles del resto de grupos eran sus muy precisos arreglos vocales. En el trabajo no publicado del musicólogo Javier Rodríguez *Armonías vocales y el tratamiento de la voz en los Beatles* desglosa, analiza y explica este talento natural de Lennon, McCartney y Harrison. Yo le sugerí en una ocasión que, en realidad, la habilidad debiera atribuirse a George Martin que les marcaba las pautas de la línea vocal de cada beatle. Sin embargo, él era de la opinión de que el resultado obedecía fundamentalmente a su extraordinaria intuición musical.

Pero claro, no todo eran arreglos orquestales. El disco Sgt. Pepper está considerado por muchos críticos como el mejor álbum de todos los tiempos y una de las razones de este éxito son sin duda las innumerables innovaciones técnicas de grabación que se incorporaron. Hay un catálogo de canciones en las que la producción forma parte de la historia y de las emociones que trasmite. No se puede entender «Being for the Benefit of Mr. Kite» sin el ambiente circense generado por Martin. En Abbey Road hay trabajos de producción verdaderamente magistrales por lo que invito a escuchar, por ejemplo, «Here Comes the Sun», fijándonos en cada una de las capas instrumentales que va añadiendo Martin para generar un crescendo ingrávido que alcanza una explosión emocional sublime.

De acuerdo, no lo demoremos más. Probablemente tengamos que concluir que George Martin, poseedor de una amplísima formación musical, supo ofrecer a los Beatles exactamente lo que ellos estaban buscando para componer partituras que después de cincuenta años siguen siendo perfectas. Pero la perfección es un concepto relativo. Por eso, quizás, a fin de cuentas, el 'quinto beatle' seamos todos aquellos a los que esas canciones, por alguna razón escondida, nos siguen emocionando. Si ese es su caso, enhorabuena: usted también es el 'quinto beatle'.

Los discos de los Beatles: todos muy buenos o excelentes

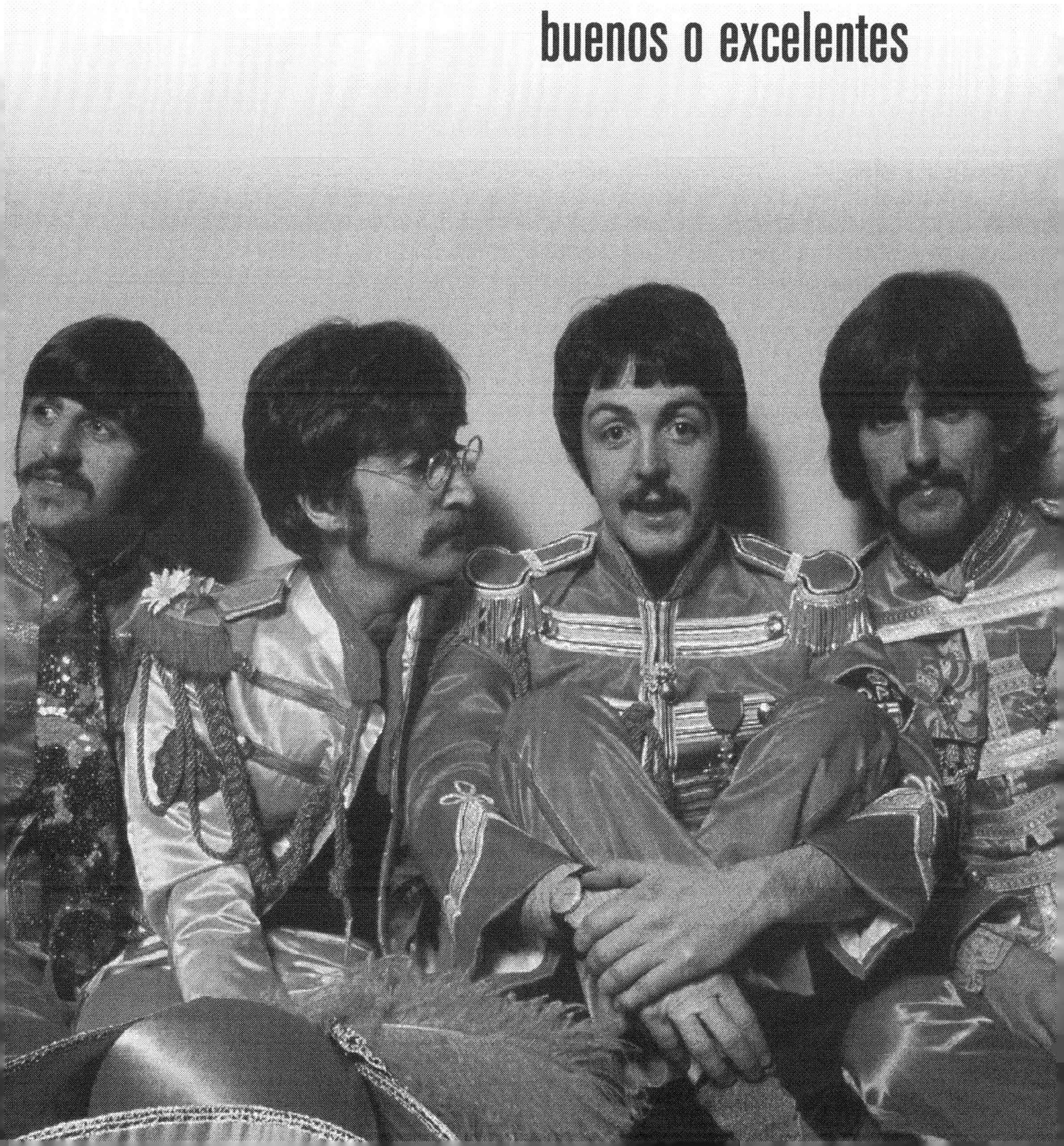

¿Las etapas de los Beatles?... Una al año

Hay grupos que atendiendo a su trayectoria musical solo tienen una etapa y pueden ser buenos...pero solo tienen una etapa. Es decir, no se aprecia una evolución estética significativa a lo largo de toda su producción artística. Es lo que yo denomino, con el debido respeto, el 'síndrome David Bisbal'. La mayor parte de las bandas actuales son así. Y otras no tan actuales. Soy consciente de que lo que voy a escribir a continuación tendrá muchos detractores pero, a mi juicio, los cincuenta años de los Stones suenan igual en el primer disco que en el último que en el del medio. Y debo decir que mi tendencia siempre a sido a mostrar proactivamente una predisposición positiva hacia los Stones. Pero también tengo que reconocer que los he acabado situando en esa categoría que los psicólogos llaman 'metapreferencias', es decir, me gustaría que me gustasen. Pero nada, a la hora de la verdad, no hay manera (me pasa los mismo con las ostras). El mérito innegable, eso sí, es que llevan medio siglo sobre las tablas aunque dicho mérito no resuelve el ya cronificado dilema público: Beatles o Rolling Stones... he ahí la cuestión.

En un reciente artículo de Andy Robinson, enviado especial de *La Vanguardia* en Liverpool, declara que el estereotipo mundialmente extendido –aunque en Liverpool no se lo creía nadie– de 'Beatles buenos chicos - Rolling Stones malos chicos' no es sino el producto de sendas estrategias de márketing de sus respectivos *road managers*. La verdad es que la bondad y la maldad como virtudes éticas absolutas y contrapuestas son un argumento demasiado reduccionista como para definir a nadie. Sería mejor hablar de la música que hicieron y sobre esta cuestión me valen como paradigma las declaraciones del mismísimo Keith Richards calificando de "montón de mierda" su propio álbum *Satanic Majesties*, una pésima imitación del estratosférico *Sgt. Peppers*. Aunque habría que confesar, en honor a la verdad, que John Lennon también se refirió al *Sgt. Pepper* como "el mayor montón de mierda que hemos hecho nunca", pero no era un diagnóstico en el que realmente creyera, sino que su propósito era fundamentalmente provocar a Paul McCartney, el verdadero cerebro de este álbum.

En todo caso, el problema de esa estrategia de mercadotecnia, según Robinson, era que los Beatles no acabaron de adaptarse al estereotipo que Epstein había diseñado encaminado a que la banda fuera del gusto hasta de las abuelas de la casa. Concluye Robinson su artículo apuntando que comparado con temas como «Being for the Benefit of Mr. Kite», los Stones parecían un grupo del montón con un rock cada vez más previsible. En fin, de una sola etapa. *Quod erat demonstrandum*.

En todo caso, hay grupos con dos etapas y quizás no sean mejores. Queen, por citar un ejemplo, da un giro radical en *The Game*, en el que además anuncian que van a usar por vez primera sintetizadores (hasta entonces lo hacía todo la estratosférica guitarra de Brian May). Finalmente, hay intérpretes con múltiples etapas, como David Bowie, que más que evolucionar, muta. Y, en muchas ocasiones, es genial. Otras, no tanto. Pero hubo un grupo que nos sorprendió cada año con un guión estético nuevo que superaba al anterior. Por eso son imprescindibles.

Con cierta perspectiva y, eso sí, desde mi punto de vista y por las razones que detallaré más adelante, quizás podríamos establecer dos grandes etapas en los Beatles: antes y después de *Revolver*. En todo caso, soy consciente de que, atendiendo a parámetros de diferente naturaleza, para otros seguidores habrá un antes y un después de *Help*. Asociado junto con su segunda película del mismo título, marca un punto de inflexión indudable porque incluye arreglos y composiciones más sofisticadas, algunas de clara influencia *dylaniana*. Se puede decir que *Help* abre un nuevo abanico de posibilidades hasta entonces inexploradas por el grupo. En este sentido, no faltan expertos que aseguran que el verdadero punto de inflexión debe situarse en *Rubber Soul*. «Norwegian Wood», «Nowhere Man» o «In my Life» son obras maestras que traspasaron los límites más convencionales del pop. El problema de este álbum es que Paul McCartney todavía no había desatado su fuerza creativa y, por otra parte, también contiene obras muy menores como «What Goes On» o, a mi juicio, «The Word». En todo caso se trata de uno de los LP más importantes e influyentes de la historia del rock para expertos como Greil Marcus, periodista y crítico musical estadounidense, que lo considera el mejor álbum de todos los tiempos, o la prestigiosa revista *Pitchfork* que, en todo caso, lo valora como el mejor álbum de los Beatles.

Una de las imágenes promocionales del grupo británico Veronica Falls, seducido por la estética de *Rubber Soul*.

De todas formas, en el caso de los Beatles, resolver el asunto de la evolución en una clasificación puramente dicotómica sería un brochazo demasiado gordo para resumir su trayectoria. Cada año, en la década prodigiosa que estuvieron en activo como grupo, suponía un giro estilístico que podríamos resumir así:

1963: Nace la *beatle-manía*. Nazco yo. De hecho, en 1963 nació mucha gente. Y nace *Please Please Me*, treinta semanas como Número 1. El skiffle pero, sobre todo, el rock&roll inspirado en Chuck Berry o Little Richard es la pista de despegue apreciable en este álbum grabado en 585 minutos. El primer destello que perdurará como una de las señas de identidad de este grupo serán sus armonías vocales. En este sentido, la impronta de los Everly Brothers es clara. Yo fui una de esas personas que transitaron su adolescencia creyendo que «Bye Bye Love» y «Wake up, Little Susie» eran dos canciones de Simon & Garfunkel cuando realmente son dos temas escritos por el matrimonio Felice y Boudleaux Bryant que los Everly Brothers convirtieron en inmortales. También llegué a los Beatles sin entender el chiste en el que se referían a ellos mismos como los Everly Brother ingleses. Pero llegó uno de esos 'días de radio' en los que descubrí el dúo que nadie duda en situar, en expresión de Dylan, "donde empezó todo".

1964: Ya no son un grupo que interpreta temas de otros. Emergen como virtuosos de inspiradísimas melodías el tándem Lennon-McCartney con el surtido de primeras joyas que aparecen en *A Hard Day's Night* y *Beatles for Sale* («Tell me Why», «And I Love her», «If I Fell», «No Replay» o «I Am a Loser», entre otras muchas).

1965: La audacia del grupo rehúye el encorsetamiento y empiezan a tocar varios palos. Lennon ya dijo sobre *Beatles for Sale* que era un álbum country&western pero es sobre todo en *Help* donde nos encontramos a los Beatles explorando lo que podríamos denominar el folk-rock. Ese mismo año se publica *Rubber Soul* en el que, en la misma línea estilística que *Help*, las letras de las canciones adquieren una dimensión mucho más profunda («Nowhere Man» o «In my Life»).

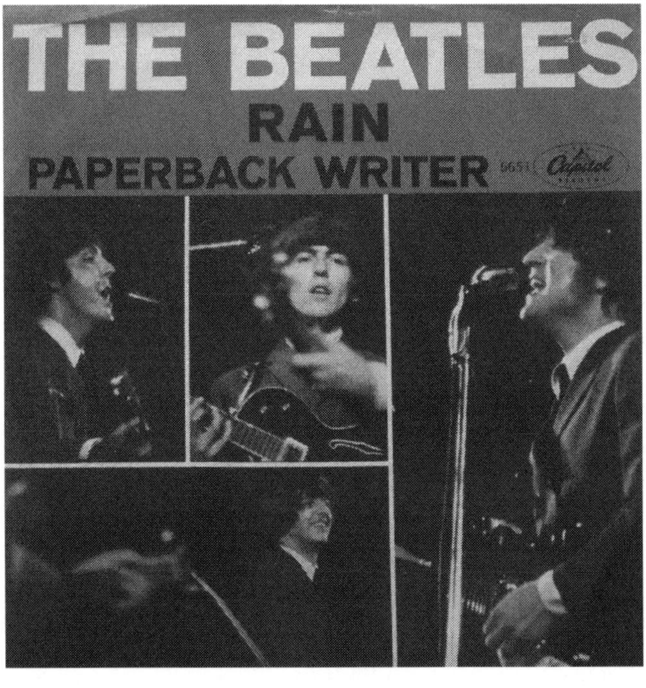

Paperback writer - Rain

1966: Se publica la canción «Rain» como cara B del sencillo «Paperback Writer». Martin Strong (famoso historiador de música de quien se dijo que "es el hombre que sabe más de rock&roll de lo que es saludable") describe este tema como la primera grabación psicodélica de The Beatles. El cuarteto se convierte en un grupo de estudio, Geoff Emerick se pone al mando de la ingeniería del sonido y publican *Revolver*, con lo que se convierten –independientemente de lo que hubieran hecho después– en el mejor grupo del mundo. Ya no volverán a ser, hasta la azotea de *Let It Be*, un grupo de guitarras, bajo y batería. Secciones de viento, de cuerda y todo el arsenal de sonidos pregrabados de los estudios de Abbey Road se convierten en los nuevos recursos sonoros para el andamiaje de sus temas.

1967: Como en el año anterior, los Beatles dejan de publicar dos álbumes al año. El 66 fue el año de *Revolver* y el 67 el año de la publicación de *Sgt. Pepper*, cénit de la psicodelia, del pop-rock y, para muchos, de los Beatles.

1968: Demasiado tiempo ociosos en la India, vuelven con una tonelada de temas que daran lugar al inmenso *The Beatles*, más conocido como el *White álbum*. Rock & roll, vodevil, psicodelia, barroco, heavy metal... Los Beatles repasan todo lo que ellos mismos han hecho en su vida. Un disco recopilatorio de viejos estilos en el que, sin embargo, todo es nuevo.

1969-1970: Como ya es conocido, el cuarteto trabaja primero en las largas y tortuosas sesiones de *Let It Be* aunque éste sale a la calle después de *Abbey Road* (que constituye el último trabajo de los Beatles). Una grabación exquisita, con unos temas redondos. La completa madurez del grupo se refleja en este álbum que, más allá de los problemas jurídicos, administrativos y, sobre todo, personales, consigue ser un disco perfecto. Y, como ocurre con cada álbum desde *Please Please Me*, para muchos el mejor disco del grupo. Y, por desgracia...*The End.*

En cuanto a los vinilos, no se trata ahora de repasar pormenorizada y ordenadamente en este espacio lo que se 'sabe' de los álbumes de los Beatles –para tal fin hay una innumerable bibliografía que tiende a infinito–, sino de lo que se 'siente' con algunos de ellos. En concreto, de lo que yo siento. No por autoreferenciarme vanidosamente, sino porque tengo la sospecha de que lo que yo siento es compartido por muchas personas que han considerado esta música como una experiencia estética íntimamente ligada a sus peripecias vitales. Me encantaría escuchar otras voces, para contradecirme o confirmarme, en el mejor de los casos, que la audición de cada disco de los Beatles por primera vez es un acontecimiento señalado en su biografía. Hitos indelebles de nuestra memoria, por utilizar una metáfora más relacionada con las referencias que orientan y señalan la carretera de nuestra vida.

Long Distance Voyager de los Moody Blues.

Mientras tecleo estas líneas, levanto la cabeza y veo en la balda de mi discoteca un disco de los Moody Blues, *Long Distance Voyager* (1981). Es un disco extraordinario, quizás no tan emblemático como el monumental *Days of Future Passed* del 67, pero tiene temas realmente buenos. Fue el primer álbum del grupo con el teclista Patrick Moraz, quien anteriormente había trabajado con bandas como Refugee o Yes, y se nota su impronta. Pues bien, lo primero que debo confesar es que no recuerdo cuándo lo adquirí, ni cómo, ni dónde, ni porqué compré este disco de los Moody Blues. No me pasa esto con ningún LP de los Beatles, a los que sitúo perfectamente en contexto. Un segundo mecanismo que se pone en marcha en mi cabeza cuando pincho un disco que no es de los Beatles es ponerme a pensar qué estaban haciendo durante el año que se editó el disco que me dispongo a escuchar. 1981... Vaya, ya estaban separados. ¿Y en el 67, cuando salió el *Days Future Passed?* Dios, fue el año del *Sgt. Pepper.* "Estas comparaciones son siempre odiosas ya que convierten en muy digno perdedor a casi cualquier álbum de la historia de la música".

Por fin, el tercer y último mecanismo que se pone en marcha es la conexión con los Beatles. Me puede costar, pero siempre la hay, más o menos próxima, en virtud de la Teoría de los seis grados *(Six degrees theory)*. Se trata en realidad de una maravillosa hipótesis desde la que se intenta probar que cualquier persona del planeta puede estar conectada a cualquier otra a través de una cadena de conocidos que no tiene más de cinco intermediarios. La teoría fue inicialmente propuesta por el escritor Frigyes Karinthy en un cuento titulado «Chains».

Por ejemplo, yo estreché la mano de Cynthia Lennon cuando me la presentaron en Almería con motivo de un curso de verano sobre los Beatles. Estreché la mano que un día atusó los cabellos de Lennon, lo que me sitúa en una posición muy próxima a los 'Fab Four', siguiendo esta lógica. En el caso que nos ocupa podríamos decir que el primer vocalista de los Moody Blues fue Denny Laine, que muchos años más tarde se unió al proyecto de Wings de Paul McCartney. Conexión lograda en solo dos grados.

En definitiva, cada vez que pincho un vinilo que NO es de los Beatles se inicia el proceso que yo denomino de las tres C: contexto, comparación y conexión. Atención *beatlefílicos* del mundo ¿A ustedes no les pasa lo mismo? ... (momento incómodo de silencio). Vale, igual son cosas mías. En todo caso, nos detendremos en las conexiones en el capítulo dedicado al 'Círculo' para ver de forma más nítida este proceso.

La cuestión es que, como señalaba, cada uno de los discos de los Beatles está asociado a unas coordenadas espacio-temporales muy precisas y, entre todos ellos, como es lógico, se encuentra el primer disco de los Beatles que escuché. Si, como decía el poeta Rainer María Rilke, "nuestra patria es nuestra infancia", mi patria es *Beatles for Sale.*

¿Dónde estabas cuándo escuchaste el primer disco de los Beatles?

Desde el punto de vista del contexto hay un álbum que ocupa, sin lugar a dudas, un momento clave de mi vida. Va por generaciones: todos los contemporáneos supieron dónde estaban cuando murió Manolete, cuando asesinaron a Kennedy, cuando llegó el primer hombre a la luna. O, más íntimamente, cuando diste el paso para entregarle ese beso al primer amor de tu vida.

También cualquier seguidor de los Beatles sabe cuál fue el álbum que escuchó por primera vez de esta banda irrepetible. En mi caso fue, como ya he adelantado, *Beatles for Sale*, adquirido por mi hermano Eduardo en la noche de los tiempos, aunque el grupo ya se había separado cuando lo compró. Es el cuarto LP del grupo y fue publicado el 4 de diciembre de 1964. Yo tenía, por lo tanto, un año y desconocía por completo que algo espectacularmente maravilloso se estaba fraguando en el mundo de la música.

Luego vinieron otros (*Help, Let It Be, Abbey Road, Sgt. Pepper...)*, que fui comprando, más o menos, en orden inverso al que fueron publicados ya que no puedo ocultar que, tras hacerme con *Help*, ese criterio fue mi orden de preferencia.

Esta azarosa contingencia personal sitúa *Beatles for Sale* en un lugar muy, muy especial en mi memoria musical y emocional. Probablemente por esta razón no puedo evitar que sus canciones me suenen diferentes al resto de la producción previa y de la que vino después. A esta apreciación también creo que contribuye el sonido peculiar de este álbum, una especie de eco apreciable en todas los cortes –y de forma exagerada en el tema compuesto por Carl Perkins «Everybody's Trying to Be my Baby» que canta George Harrison–, un sonido muy del gusto del público americano de la época. *Beatles for Sale tiene 'solo'* ocho canciones originales de Lennon-McCartney debido a que no pudieron cumplir con el compromiso de terminar a tiempo un álbum completo. Estaban en plena vorágine de giras por todo el mundo y se puede decir que la mayor parte de los temas fueron compuestos en descansos y en habitaciones de hotel. En este sentido he leído en alguna parte que semejante periplo daría como resultado el álbum con más bajo perfil del grupo y que su cansancio incluso es observable en la fotografía de la portada, obra de Robert Freeman.

De acuerdo, parecen cansados en la foto. Además, era una tarde invernal así que hubo que hacer las fotos aceleradamente, antes de que anocheciera. En la contraportada aparecen más animados, ya que se trata de una fotografía de su gira americana tomada en un concierto que tuvo lugar en el Coliseo de Washington DC, el 11 de febrero de 1964.

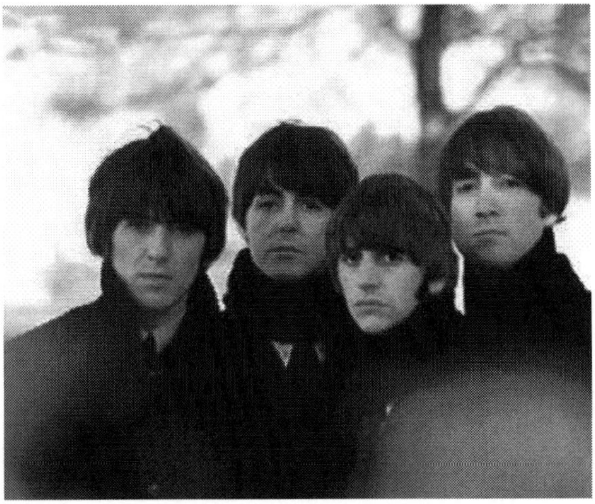

Una de las imágenes descartadas de Robert Freeman para el álbum *Beatles for Sale* en Hyde Park (1964).

En todo caso, a pesar del evidente desgaste de la gira, cualquier grupo del mundo que hubiera empezado un disco, a bocajarro, con «No Replay», «I Am a Loser» y «Baby's in Black» ya se habría ganado la gloria eterna. Si a esto añadimos diamantes como la deliciosa «I'll Follow the Sun» (que Paul compuso cuando tenía unos 16 años), «Every Little Thing», «I don´t Want to Spoil the Party», o «What You're Doing», con la contundente batería de Ringo, o la innovadora «Eight Days a Week», con su entrada de guitarra *in crescendo*, recurso absolutamente inédito en la época, diríamos, sin temor a equivocarnos, que nos hallamos ante un álbum con el que cualquier otro grupo hubiera pasado a la historia independientemente de lo que hubiera hecho antes y después. La cuestión es que lo que hicieron los Beatles antes y después fue extraordinario.

En lo que concierne a la valoración del álbum, también es de mi equipo Enrique Torras Bosch, que recientemente ha publicado en Editorial California (2017) *Beatles for Sale: El éxito de todos mis fracasos* cuyo subtítulo reza: La gestación del disco más incomprendido de The Beatles y en el que reivindica, a mi juicio con más condescendencia de la necesaria, las bondades de este trabajo.

Derek Taylor, periodista británico y uno de las pocas personas que tuvo acceso al cerrado círculo privado de los Beatles –otro 'quinto beatle' en opinión de George Harrison–, vaticinó en relación a este disco (1964) que en el año 2000, cuando alguien te pregunte por los Beatles "...no trates de explicárselo mencionando lo del pelo largo y los gritos histéricos. Solo hazle oír algunas canciones de este álbum y él pronto lo entenderá. (...) percibirán en esta música la misma sensación de calidez y bienestar que nosotros percibimos actualmente." Parece que acertó en su presagio. Y eso que todavía estaba por llegar *Revolver*, el álbum que marca lo que, a partir de entonces pasará a reconocerse como 'sonido beatle', que todos los grupos del mundo se empeñarían en imitar, y a lo que yo suelo referirme como la era post-Revolver.

La era Post-Revolver

En la introducción apuntaba que la música de los Beatles puede tener dos etapas diferenciadas, antes y después de *Revolver*. Permítanme ir más lejos. Sostengo que la propia historia de la música popular tiene dos etapas: también antes y después de este álbum. De tal forma que todos los discos que en el mundo han existido podrían fecharse, desde este punto de vista, con las siglas *bR* o *aR* (*before Revolver vs. after Revolver*). En este mismo sentido se posiciona Robert Rodriguez en su libro *Revolver: How the Beatles Reimagined Rock´n Roll.*

En esta publicación se sostiene que el 'discurso oficial' vinculado a las listas de los mejores discos pop de la historia siempre ha señalado al *Sgt. Pepper* como el Número 1, pero fue *Revolver* el álbum que realmente marcó el cambio de los Beatles de banda de directo a grupo de estudio. Este proceso de cambio se vislumbra ya en *Rubber Soul* pero alcanza su plenitud en mi disco fetiche que precisó trescientas horas para su elaboración, esto es, más que ningún otro disco de rock hasta la fecha. El proceso de producción de este disco es, en sí mismo, una gran historia acerca de las motivaciones y expectativas musicales de los cuatro miembros del grupo. Pero esta historia no significaría absolutamente nada si los resultados no hubieran sido tan arrolladoramente impactantes. Mucho más que el *Sgt. Pepper* o el *Pet Sounds* de los Beach Boys, *Revolver* reinventa el sonido del rock and roll empapando la estética, desde grupos psicodélicos como Jefferson Airplane o Grateful Dead hasta, porqué no reconocerlo, la primera ola del post rock-blues duro de Black Sabbath o Led Zeppelin y, en general, todas las generaciones de guitarra eléctrica y bajo posteriores, por lo que a mi juicio constituye un punto de inflexión, no solo en la evolución de los Beatles, sino de la historia del rock grabado.

En un artículo publicado en febrero de 2014, el *New York Times* se hacía eco de una lista del Vaticano sobre los diez mejores discos pop de todos los tiempos que situaba *Revolver* en primer lugar. Debe de ser por esto que acabaran perdonando a Lennon que dijera que los Beatles eran más famosos que Jesucristo.

Si observamos el cronograma de actividad de los Beatles durante 1966, podemos apreciar un claro cese de su actividad en comparación con años anteriores. Como muy bien nos sugiere Walter Everett en su obra *Los Beatles como músicos*, esto es debido a que dedicaron más tiempo a la grabación de *Revolver* que a cualquier otro álbum anterior.

En este cese de su actividad hay tiempo, no obstante, para lanzar en el Reino Unido «Paperback Writer» y la inconmensurable «Rain», dar conciertos en Alemania, Tokio, y Manila y girar por los Estados Unidos. Además, George Harrison se va a la India a estudiar sitar y Paul McCartney se pone con la banda sonora de *The Family Way*, una película dirigida por Roy Boulting en la que George Martin tiene un papel decisivo. Por si fuera poco, John Lennon se encuentra componiendo los rudimentos de una de sus obras maestras, «Strawberry Fields Forever» mientras rueda en Almería *How I Won the War*, dirigida por Richard Lester.

Una agenda aparentemente 'ligera', a escala beatle, que permite al grupo concentrarse en sacar todo el fruto a su creatividad gracias a la producción cada vez más sofisticada de George Martin y al papel fundamental que va a desempeñar el nuevo ingeniero de sonido, Geoff Emerick. La primera entrega de este golpe de timón da como resultado la publicación, el 5 de agosto de 1966, de un álbum muy por delante de su tiempo. Una obra maestra que empieza con un "one, two, three, four" ("Taxman") a años luz de distancia artística del "one, two, three, four" ("I saw her standing there") de su primer álbum publicado solo... ¡tres años atrás! Realmente sorprendente. Pero ¿podrían volver a sorprender? Al año siguiente, 1967, ve la luz el *Sgt. Pepper's Lonely Hearts Club Band*. En 2017 se cumplió el 50º aniversario de este espectacular álbum, de modo que fue cita obligada la exposición-homenaje *Good Morning Lucy*, que tuvo lugar en Segovia, del 16 de junio al 31 de agosto, y que organizó José Luis Gilsanz, poseedor de una nutrida y fascinante colección de objetos relacionados con este disco de culto.

José Luis Gilsanz, comisario de la exposición *Good Morning Lucy*, con César San Juan aclarando quién es el 'quinto beatle'.

Pero ¿por qué esta explosión psicodélica justo en ese momento? Bien, para empezar se tomaron su tiempo. El ingeniero de sonido Geoff Emerick apunta que una diferencia importante entre *Revolver* y *Sgt. Pepper* es que en aquél había una fecha de entrega inaplazable, ya que estaban a punto de salir a la que sería su última gira. Pero en el caso de *Sgt. Pepper*, los Beatles pudieron tomarse todo el tiempo que precisaron para concebir uno de los mejores LPs de todos los tiempos. Y el público estaba avisado: el single de promoción contenía dos obras maestras: «Strawberry Fields Forever» y «Penny Lane», ambas descartadas para el larga duración. «Strawberry Fields Forever» es probablemente una de las más bellas composiciones, no ya de los Beatles, sino de la historia de la música popular. Se trata de un tema que, más allá de su nostálgica y melancólica melodía, tiene un extraordinario trabajo de producción y de edición. Fueron necesarias innumerables tomas de voces e instrumentación y, como es sabido, a John Lennon se le metió en la cabeza que los mejores momentos estaban en dos tomas diferentes. Esta indicación obligó al ingeniero de sonido, tras los tijeretazos pertinentes ya que la era digital estaba por llegar, a ensamblar los dos pedazos de la cinta en el momento más adecuado, que resultó ser a los sesenta segundos del inicio de la canción, al principio del segundo estribillo, sobre la palabra *going* en la frase "*let me take you down, cause I´m going to…*". El problema es que ambas tomas fueron grabadas a diferente velocidad, lo que provoca un pequeño resbalón en el *going* claramente perceptible y que solo puede ser considerado un regalo para el anecdotario de las sesiones de grabación en Abbey Road.

La idea de un álbum conceptual surgió de la imaginación de Paul McCartney, que quería desarrollar un álbum completo desde el punto de vista de otra banda diferente a The Beatles. Y llegados a este punto creo que puede ser justo que reivindiquemos el papel de Paul McCartney como impulsor de la evolución del grupo ya que en la mayoría de eventos, foros, revistas especializadas y tertulias sobre los Beatles en los que he participado hay una cierta tendencia a mitificar a John Lennon y cuestionar, o cuando menos, identificar a Paul McCartney con el mero pasteleo musical. Sin duda, a este arbitrario reparto de papeles han contribuido, por un lado, el hecho de que John Lennon esté muerto, dramáticamente asesinado para más gloria de su leyenda, mientras que Paul McCartney sigue vivo. Y, por otro, que lo último que recordamos de John es que se convirtió en un activista (cuando salía del confortable edificio Dakota) y Paul en un hombre de negocios. Como si esto último fuera un pecado.

Contraviniendo esta inercia, en primer lugar cabe recordar que en lo que se refiere a su curiosidad intelectual, atribuida tradicionalmente en exclusiva a Lennon, fue Paul McCartney el devorador de libros de las últimas tendencias literarias y filosóficas que marcaron la época de los sesenta. Siempre ha escrito poesía y ha expuesto con éxito en varias ocasiones su obra pictórica.

En cuanto a su evolución musical, es indiscutible que de los cuatro Beatles era el que adquirió un mayor conocimiento de teoría musical, (son ya cinco sus discos de música clásica) además de una inigualable habilidad como multi-instrumentista a la que nos referiremos más adelante. Un músico, en fin, que rompe claramente la baraja de los cánones musicales de la época en *Revolver* y la persona que posibilitó cerrar el ciclo Beatle con el magistral *Abbey Road*, además de concebir la banda de corazones solitarios.

En todo caso, a pesar de la audacia del *Sgt. Pepper*, a Paul le pareció demasiado radical la sugerencia de un amigo del grupo, John Dunbar, de usar para la portada un cuadro totalmente abstracto sin texto ni explicación. Paul hizo entonces una serie de dibujos en tinta basados en una vieja fotografía del padre de Paul, la banda de jazz de Jim McCartney.

Foto de la banda del padre de Paul, Jim McCartney, aparente fuente de inspiración para la portada del *Sgt. Pepper*.

Estos dibujos mostraban a los Beatles de pie ante una pared con fotografías enmarcadas de sus héroes. Y ese fue el punto de partida a partir del cual se empezó a trabajar en la imagen del *Sgt. Pepper*, que se encargó a Peter Blake.

El primer paso fue solicitar a los chicos que elaboraran una lista de sus personajes favoritos. Todos contribuyeron salvo Ringo que, con su complaciencia habitual, dijo "lo que elijan los demás estará bien". Wendy Moger, asistente personal de Brian Epstein se encargó de obtener permiso de todos los personajes –los vivos al menos– para incluirlos en la portada. Peter Blake completó la lista con sus propias aportaciones (su esposa, Jann Haworth, siempre reclamó un 50% de la autoría de la portada ya que, entre otras cosas, introdujo las mujeres que aparecen en el conjunto reprochando que nadie hubiera reparado en sugerir personajes femeninos).

En el capítulo de especulaciones, también tiene visos de verosimilitud que Paul realmente se inspirara en la portada de un disco de una banda de estudiantes suecos llamada Mercblecket que hacían, precisamente, versiones 'fanfarria' de temas de los Beatles. Supuestamente uno de los estudiantes de esta banda, Roger Wallis, le entregó a Paul un ejemplar del EP de su banda cuando estaban hospedados en el Hotel Forresta, en Suecia.

Portada del EP de la banda Mercblecket editado en 1964, tres años antes que el *Sgt. Pepper*.

En cuanto al nombre, cuenta la leyenda urbana que el origen del concepto *Sgt. Pepper* surgió en un avión cuando Mal Evans le preguntó a Paul sobre el significado de las letras *S* y *P* marcadas en los frasquitos de las bandejas de comida. "Sal y Pimienta" fue la respuesta y, de ahí, pasamos a la siguiente secuencia: sonido de público como proveniente de un concierto en directo a cargo de una banda ficticia, *alter ego* de los 'Fab Four' cuando, súbitamente, ataca el punteo poderoso de *Sgt. Pepper's Lonely Hearts Club Band.* ¡No se puede empezar un disco mejor! Recuerdo muy bien la primera vez que escuché este álbum. No salía de mi asombro, canción tras canción, me entusiasmaron especialmente «Getting Better», y «Fixing a Hole»: todavía hoy no se qué es lo que tienen estas canciones que me seducen sobremanera. Y para terminar, una de las obras cumbre de John Lennon, «A Day in the Life», con esa estructura tan innovadora, Starr inconmensurable a la batería, el verso de Paul McCartney anunciado con la alarma de un despertador, esos puentes orquestales, y, para acabar, ese último acorde mantenido durante algo más de cuarenta segundos. Lennon, McCartney, Starr y Mal Evans en cuatro teclados diferentes, con George Martín en el armonio, tocaron al unísono el Mi mayor más famoso de la historia de la música popular. Cuando todavía no se había apagado su eco, recuerdo que pensé que jamás iba a haber en el mundo una banda semejante.

Mejor dejarlo ahí, en la cima. A partir de ese momento solo era posible repetirse o disolverse.

No hubo repeticiones, porque después del *Sgt. Pepper* llegó el monumental *The Beatles*, o *White Album*, embrión del minimalismo en las fundas de los LPs. Sin embargo, lo que sí hizo la banda fue empezar a disolverse. Disolverse por el desgaste personal, la colisión de egos, la necesidad de evolucionar hacia sendas musicales diferentes. De alguna manera el *White Album* marca el principio del fin.

En todo caso, se trata de un doble álbum que todavía hoy conserva intacta su fuerza y su descaro, a pesar de estar publicado hace más de cuarenta años. Para mí, *Revolver* es uno de los discos más interesantes porque hay un sorprendente cambio de tercio en su evolución, con una ruptura inédita de los esquemas musicales de la época. Dicho esto, creo que el *White Album*, una vez aplicado el cincel de temas prescindibles, alberga una obra maestra. En todo caso, para que los Beatles llegaran a este punto creativo deberemos reconocer la influencia de dos guitarristas y un lugar que, en alguna medida, contribuyeron a que los 'Fab Four' hollaran en este álbum algunas de las cimas del rock. Me refiero, claro, a Donovan y Clapton y el lugar es Rishikesh, en la India.

Los Beatles con Donovan en Rishikesh.

Donovan es un cantautor y guitarrista escocés. Fue un precursor de la música folk de su país, estilo al que pronto fusionó el jazz, el rock y la música étnica. Coincidió con los Beatles en el monasterio que el Maharishi Mahesh Yogui tenía en Rishikesh, en el que se refugiaron tras la muerte de Brian Epstein. Ringo regresó a Londres en cuanto se le acabaron las latas de alubias, pero los otros tres pudieron tomar buena nota de la técnica de punteo *fingerpicking* que Donovan les mostró.

El *fingerpicking* es una técnica propia de los músicos de folk británicos que consiste en tocar el ritmo y la melodía simultáneamente. Es un recurso que revolotea a lo largo de muchas guitarras del *White Album*, reconocible porque no se rasguean los acordes sino que se descomponen coordinando los movimientos del pulgar, que puntea las cuerdas graves, mientras se arpegian las agudas con el índice, el corazón o lo que se pueda. En fin, si queremos escuchar esta técnica en estado puro, es lo que hace Paul McCartney en «Blackbird».

Por otra parte, encontramos un par de joyas de George Harrison: «Long, Long, Long», y «Savoy Truffle».Y, además, la inconmensurable «While my Guitar Gently Weeps», a la que Harrison no conseguía dar la fuerza necesaria para pasar el 'control de calidad' de Lennon-McCartney, un filtro que le empezaba a resultar insoportable. Probablemente esta canción se hubiera quedado fuera del álbum de no ser por la magistral vertebración guitarrística que le confeccionó Eric Clapton y que, con el tiempo, ha ido mejorando hasta conseguir algo parecido a la divina perfección en el concierto dedicado a George Harrison en noviembre de 2002, celebrado en el Royal Albert Hall de Londres con motivo del primer aniversario de su fallecimiento. El punteo inspiradísimo con el que Eric Clapton adorna esta última versión de «While my Guitar Gently Weeps», acompañado de un entregadísimo Paul McCartney al piano, podría incluirse, si la hubiese, en la *Antología de momentos cumbre de conciertos en directo de la historia del Pop*.

Siempre que escucho el *White Album* no puedo evitar asociarlo, por un lado, con el viaje a la India y, por otro, con el papel de George Harrison en el grupo. Es durante su estancia en este país cuando sale al mercado el sencillo «Lady Madonna», en cuya cara B se encuentra «The Inner Light», la primera aportación de George a este formato. El punto de partida de la composición es un verso del poema «Tao Te Ching» según aparece traducido al inglés en *Lamps of Fire*, un libro publicado en 1958 por Joan Mascaró, profesor de sánscrito de la Universidad de Cambridge, nacido en Mallorca. Por aquel entonces, habiendo desaparecido la presión de las actuaciones en directo, George dedica más tiempo y energías a la composición. Así, a la vuelta de la India, los cuatro Beatles se reúnen en casa de George en Esher y graban versiones acústicas de canciones compuestas en Rishikesh. Son las *Esher Demos.*

Portada de Esher Demos, uno de los innumerables discos no autorizados de los Beatles o bootlegs.

Harrison presentó a sus compañeros «While my Guitar Gently Weeps», «Piggies», «Not Guilty», «Circles» y «Sour Milk Sea». Luego llegaron otros trabajos de George para el *White Album*, pero ya sabemos la suerte que corrieron algunos de estos temas: Una mejorada «Not Guilty» aparece en su álbum *George Harrison* en 1979, es decir, una década larga más tarde. «Sour Milk Sea» acabó siendo un regalo para Jackie Lomax, amigo de los tiempos de Liverpool que la grabó en junio de 1968. «Circles» no ve la luz hasta el álbum *Gone Troppo* de 1982.

También hubo canciones de Lennon y McCartney rechazadas, como «Jubilee», (que acabaría llamándose «Junk») o «Child of Nature» (después, y con otra letra, «Jealous Guy») pero el prurito de George, lógicamente, colisionaba de forma frustrante, una y otra vez, con el mismo muro. Imagínense por un momento un álbum con todos los temas citados de George, a los que habría que añadir «Long, Long, Long» y «Savoy Truffle»: El *White Album* de Harrison...menuda joya.

Para hacer todavía más extraordinario el *White Album* de los Beatles, junto a las obras maestras cohabitan ocho minutos de música experimental, «Revolution 9» que, por sorprendente que parezca, algunos optan por escuchar al revés, quizás ante la sospecha de que se están perdiendo algún mensaje importante tras sufrirlo en su versión original sin haber llegado a ninguna conclusión. Estas versiones invertidas pueden encontrarse en *You Tube*, hay gente para todo.

George Martin siempre se mostró algo escéptico sobre la calidad de este disco, pero para muchos es el mejor de los Beatles... aunque solo sea porque es doble.

Al referirme a *Beatles for Sale*, recordaba que es considerado por muchos como una obra menor en la trayectoria de los de Liverpool. En todo caso, *Let It Be* es considerado, no en pocos foros, "el peor disco de los Beatles". El titular de un artículo de la edición española de *Rolling Stone* de diciembre de 2010 rezaba *Let It Be: La oveja negra de una discografía insuperable.*

Son varias las razones para este incuestionable tropiezo. En primer lugar se trata de un LP producido por Phil Spector cuyos arreglos orquestales para este disco siempre fueron muy cuestionados. Entre otros por el propio Paul McCartney que estuvo muy lejos de aprobar la recargadísima orquestación con la que Spector destrozó «The Long and Winding Road». Es por esta razón que Paul fue uno de los precursores de la reedición, desprovista del 'muro de sonido' de Spector, de *Let It Be Naked,* en abril de 2003.

Por otra parte, los divertimentos «Maggie Mae» y «Dig It» son claramente prescindibles. De hecho fueron excluidas en el *Naked.*

Sea como fuere, otro factor que influyó –y me temo que de forma muy significativa– en el resultado final fue el clima. El clima emocional, quiero decir. De alguna forma nos encontramos con el primer experimento audiovisual estilo *Gran Hermano*, ya que los Beatles iban a ser filmados en directo en las sesiones de lo que iba a ser su nuevo trabajo, titulado provisionalmente *Get Back*. Para ello se trasladaron a los estudios cinematográficos de Twickenham, en Londres, siendo el director Michael Lindsay-Hogg el encargado del rodaje del documental. Pero quizás esa conciencia de verse filmados acabó con la poca magia que ya reflejaban como grupo en las sesiones del *White Album*, en las que cada beatle era un simple músico de estudio para las composiciones del resto. Por otra parte, John, Paul, George y Ringo estaban acostumbrados a grabar sin horarios fijos en los estudios de EMI, que podían alargar hasta altas horas de la madrugada, algo inviable en los platós de Twickenham. Aquí había horario de oficina.

Esta situación hizo que la tolerancia de cada uno hacia los demás decreciera dramáticamente, siendo Paul el único que parecía mostrar interés por llegar a un resultado digno y a la altura de lo que habían hecho hasta entonces. John Lennon no atravesaba su mejor momento en su relación con las drogas, lo que menoscababa su motivación por la música y a George Harrison digamos que se le estaba acabando el crédito de paciencia al sentirse minusvalorado no solo como compositor, sino también como guitarrista.

El ambiente mejoró bastante con la llegada de Billy Preston, invitado por Harrison. Sobre todo el 30 de enero de 1969, cuando decidieron ofrecer el que acabaría siendo su último concierto en la azotea de Apple Corps. Resultaba un espacio bastante convencional considerando que se habían barajado otras opciones, como un barco o frente a las pirámides de Egipto. Más convencional y más barato.

Johnny Cash tocando en la prisión estatal de Folsom.

No es la primera vez que se elige un espacio fuera de lo común para grabar un LP. Uno de mis favoritos es sin duda el de Johnny Cash. Se trata de su concierto grabado en directo en la Prisión Estatal de Folsom (California, Estados Unidos). Una de las curiosidades de este álbum es que el tema «Greystone Chapel» fue escrito por uno de los internos de esta cárcel llamado Glen Sherley. El sacerdote de la prisión se lo hizo llegar a Cash, que lo incluyó sin titubeo alguno en el repertorio. Desde el punto de vista de un seguidor de los Beatles, otra curiosidad es que este concierto en prisión (enero de 1968) fue grabado un año antes que el concierto de la azotea (enero de 1969).

En todo caso, la imagen de los Beatles tocando en directo en la azotea –hasta que la policía clausura la experiencia–se convierte en icónica. Tanto es así que en enero de 2009, el cansino magnate de la solidaridad, Bono, emula a los de Liverpool con su U2 ofreciendo un concierto sobre la azotea de la BBC. También en enero del 2009, nuestro grupo tributo patrio, Los Escarabajos, fueron más explícitos al ofrecer una *performance* réplica del concierto de la azotea de Apple… pero en Sevilla. Vas a comparar.

Volviendo al trabajo que nos ocupa, fue en ese contexto como se grabó la denominada 'oveja negra'. Con esos ánimos se compusieron los temas del "peor disco de los Beatles" según la crónica aludida de la revista *Rolling Stone*. ¿Nada que añadir? Sí, claro que hay que añadir algo. Solo un matiz, y es que en la edición de 2003, la misma revista situó *Let It Be* en el puesto 86 de su lista de los 500 mejores discos de todos los tiempos. No todos los peores discos de grandes bandas están en esa lista.

Como sugerí cuando me referí a *Beatles for Sale*, también en este caso cualquier grupo que hubiera inventado «Across the Universe», «Let It Be», «The Long and Winding Road» o los insuperables rocks «I have Got a Feeling» con su fusión Lennon-McCartney (como en los viejos tiempos) o «Get Back», a ritmo de tren, en el que Paul se inventa un nuevo recurso vocal cuando ya pensábamos que entre la naturalidad de «Eleanor Rigby», el desgarro de «Oh! Darling» o el agudo imposible de «Got to Get You into my Life», sus cuerdas vocales ya no podían sorprendernos más... Si otro grupo nos hubiera regalado esto, decía, también hubiera alcanzado la gloria.

Afortunadamente, a pesar de que *Le It Be* fue el último disco publicado, se grabó en su mayor parte antes que *Abbey Road*, la verdadera guinda de una trayectoria que siempre acarició la excelencia. Había que bajar la persiana con un trabajo a la altura de quienes habían formado el mejor grupo del mundo y a eso fue a lo que John, Paul, George y Ringo se conjuraron. Y nunca mejor dicho 'trabajo de altura' ya que el primer nombre que se barajó para el álbum fue *Everest*. Pero sin duda las fotos promocionales en el Himalaya iban a salir sensiblemente más caras que las que se pudieran hacer en la calle, fuera del estudio. Una feliz idea de Ringo, supongo que imaginándose ya cargando latas de judías en el equipaje, como tuvo que hacer para viajar a la India. No es hombre de comidas exóticas.

Antes, no obstante, tomaron la mejor decisión posible: volver a llamar a George Martin.

Pero ¿qué tiene *Abbey Road? Sgt. Pepper* ha sido señalado en muchas listas como el mejor álbum pop de todos los tiempos. Como dijo un filósofo de cuyo nombre no puedo acordarme "Indiscutiblemente, creo que es bastante maravilloso". Yo he reconocido que *White Album* esconde el mejor disco de los Beatles y, por tanto, de la historia del rock. Pero, claro, después de seleccionar diversas combinaciones posibles de entre las treinta canciones que lo componen, y que darían como resultado al menos un LP inigualable, cohabitan experimentos infumables como «Revolution 9». Ni siquiera mi aclamado *Revolver* es perfecto. Para mí es uno de los mejores porque incorpora a Geoff Emerick a la mesa de sonido y todo cambia. *Revolver* es el punto de inflexión.

Abbey Road es, sin embargo, el disco paradójicamente perfecto. Perfecto en el paradójico gesto del antaño inseguro George, con el *All Things Must Pass* (su primer disco en solitario) ya en su cabeza, y sin embargo, 'regalando' sus mejores composiciones «Something» y «Here Comes the Sun», una para cada cara del vinilo. Perfecto en la paradoja de un disco con la cara B flagrantemente inacabada, que Paul convierte en el *medley* más sorprendente de la historia del rock. Ascendente hasta el sublime «Golden Slumbers» y que cierra la trepidante «The End» antes de dar el portazo con «Her Majesty».

Quizás fue la nueva mesa de ocho pistas, quizás fue que, con el grupo ya prácticamente disuelto, no discutían tanto como en *Let It Be*, no merecía la pena; quizás porque empezaron con un Lennon aplacado por el accidente de coche que tuvo en Escocia; quizás porque Yoko quedó neutralizada por Linda, ahora también en la sala de grabación (a pesar de que la primera se trajo una cama de *Harrods* a los estudios). Quién sabe. El resultado es un álbum perfecto, con la paradoja de ser el último trabajo grabado por los Beatles cuando ya no eran los Beatles.

Pero, atención, el listado de obras publicadas no fue todo lo que grabaron los Beatles. Existen infinidad de rarezas de las que solo citaremos algunas.

Solo algunas rarezas

El material grabado por los Beatles, encerrados en el estudio durante cientos de horas, tiende a infinito. Todo este material, conocido como *bootlegs* se nutre principalmente de descartes de estudio, actuaciones en televisión, las maquetas acústicas del *White Album* y las sesiones de *Get Back*, entre otras fuentes, lo que ha dado lugar a una innumerable cantidad de álbumes no autorizados.

Uno de mis discos de recopilación de bootlegs comprado en pesetas en una tienda de Bilbao ya extinta.

Una recopilación interesante de temas no publicados la podemos escuchar en el disco no oficial *Beatles Sessions*, en el que encontramos desde grabaciones que se hicieron el mismo día que «Love me Do», en septiembre de 1962, como «How do You Do It» hasta «Come and Get It» de las sesiones de *Abbey Road*, pasando por temas de gran calidad como «That Means a Lot». En esta recopilación también vienen recogidos temas como «Not Guilty», «While my Guitar Gently Weeps» o «I´m Looking Through You», todas ellas grabadas en su etapa embrionaria y que distan significativamente, sobre todo las dos primeras, del resultado final.

Los que, como yo, sienten una entrañable afinidad por George Harrison, se sentirían afortunados si pudieran hacerse con una edición publicada en Israel que recoge precisamente tomas sin depurar y descartes de este beatle.

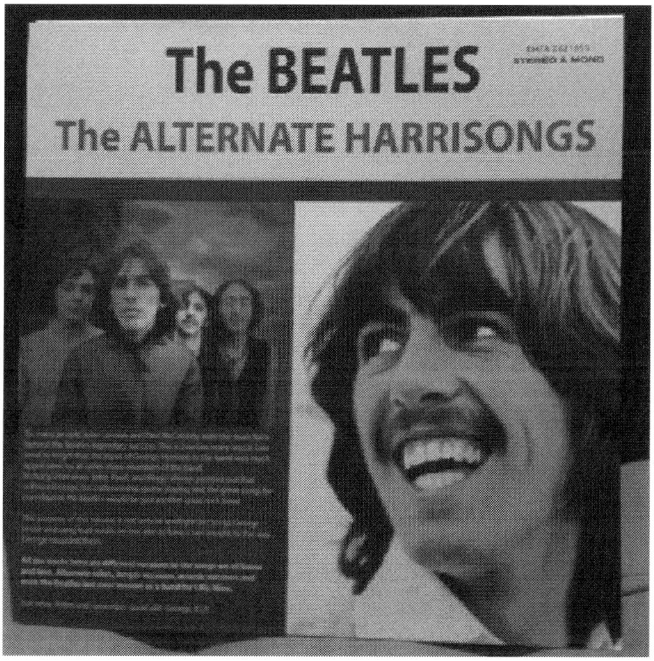

Recopilatorio de primeras tomas y descartes de George Harrison.

En mi caso, también han sido objeto de interés las ediciones de *A Hard Day´s Night* en el mundo y las variaciones a la portada original de Robert Freeman. Este interés viene motivado, además de porque fue el álbum asociado a la primera película de los Beatles, por el hecho de que siempre me ha parecido muy acertada la traducción que se hizo en castellano: *Qué noche la de aquel día*. En este sentido, siempre me ha hecho bastante gracia, por ejemplo, la edición francesa que lo tradujo como *4 garçons dans le vent*, literalmente, "4 chicos en el viento", aunque se trata de una ex-

Edición francesa de «A Hard Day´s Night».

presión construida que significa, más o menos, “4 chicos en la onda”, o a la moda. También merece ser mencinado el *Tutti per uno* en Italia o el *Os reis do ie,ie,ie* de Brasil. En fin, nada que ver.

Otro de mis tesoros lo adquirí en una de las ferias del disco de Barcelona. Se trata de un álbum envuelto en una supuesta intriga, ya que en su contraportada se hace referencia a ciertos rumores acerca de un proyecto de álbum grabado por los Beatles entre los meses de febrero y mayo de 1969. De acuerdo a estos rumores, la cinta máster del que sería su último álbum tras *Abbey Road* fue robada por un miembro del personal de los estudios de grabación no identificado. Supuestamente, el ladrón pasó la cinta por error a través de un arco de seguridad del aeropuerto, lo que eliminó de forma inmediata todo su contenido. En todo caso la historia guarda un cierto parecido con la trama de *Give my Regards to Broad Street* aunque, al contrario de la película de Paul McCartney de 1984, en el caso que nos ocupa la cinta se habría perdido para siempre.

El disco en el que se detalla esta historia es otro de los álbumes no autorizados en el que encontramos algunas grabaciones raras de esos meses tales como «Watching Rainbows», «I should Like to Live Up a Tree», «Zero Is Just another Even Number», «Proud as You Are» y «Hot as Sun», que daría título a este álbum ‘fantasma’ que no lo es tanto.

«Hot as Sun», supuesto disco jamás publicado por los Beatles.

Y es que, como es lógico, la maquinaria de la industria musical no cesa dado que el interés por un grupo que se separó hace casi cincuenta años no decrece. Esto obliga a un ejercicio de saqueo de todo lo que quedó registrado en algún dispositivo. La época con los Quarrymen, la citada audición en Decca, las sesiones de la BBC, conciertos, grabaciones navideñas, todo vale para alargar un chicle que parece no agotarse nunca aunque, no nos engañemos, no hay nada nuevo en el horizonte, ni lo hubo nunca desde su separación. En todo caso cabe citar dos trabajos que tienen cierto interés. Por un lado, *A Toot and a Snore in '74* es un disco no autorizado de la única sesión de grabación conocida en la que John Lennon y Paul McCartney tocaron juntos después de la separación de The Beatles. Fue grabado en 1974 durante el llamado 'fin de semana perdido' de John Lennon al que me referiré más adelante. Les acompañan entre otros músicos Stevie Wonder y Harry Nilsson. El interés de este trabajo es histórico más que musical, toda vez que la grabación es infernalmente nefasta.

El que sí tiene interés musical y me procuró una muy agradable sorpresa fue *Love*.

"Me despierto algunas mañanas y pienso ¡Estuve en los Beatles!! Solo hay cuatro personas en el mundo..., en el universo, que han podido responder esa frase a un periodista (si no contamos a Pete Best)."

Son las palabras de Paul McCartney tras asistir al estreno de *Love*, el espectáculo del Cirque du Soleil inspirado en la música de los Beatles. George Martin y sobre todo su hijo Giles empezaron a trabajar en *Love* después de conseguir el permiso de Paul McCartney, Ringo Starr, Yoko Ono y Olivia Harrison, aunque el origen del proyecto debemos situarlo en la antigua amistad de George Harrison con Guy Laliberte, fundador del Circo del Sol.

Álbum *Love*.

Desde mi punto de vista, el trabajo hecho para el álbum es un alarde de montaje de Giles Martin, que utilizó todas las pistas originales de la música grabada por los Beatles para –según sus palabras– mezclarlas como si fueran "los colores de una paleta". El gran talento musical del hijo del 'quinto beatle' se ve reflejado en la construcción de una obra, por momentos, casi completamente nueva. De hecho, uno de los entretenimientos favoritos de los seguidores de los Beatles es desentrañar los colores primarios que conforman cada trazo y así, por ejemplo, al escuchar «Get Back» advertir el acorde de entrada de «A Hard Day´s Night», las percusiones entremezcladas de «Sgt. Pepper» (*reprise*) y «The End», los solos de guitarra de esta última con el barniz orquestal de «A Day in the Life».

Si se quiere un recopilatorio de los Beatles realmente diferente, todo lo que usted necesita es… *Love*.

En fin, de todas formas, con todo lo dicho no creo que hayamos aclarado nada acerca de cuál es el mejor disco de los Beatles. Pero calma, tengo la respuesta y, aviso a navegantes, esta respuesta es ab-so-lu-ta-men-te definitiva…

El mejor disco de los Beatles: Resumen y conclusión

Debe haber cientos, miles de libros, revistas y artículos especializados sobre los Beatles. Y en todos ellos habrá, por supuesto, un artículo sobre el mejor disco del mejor grupo del mundo, lo que convierte al ganador en el mejor álbum de la historia. En las redes sociales de los simpatizantes de la banda se trata de un asunto transversal y en estos foros la posición de la gente se caracteriza por la beligerancia que siempre conlleva la defensa de lo que uno cree inamovible. El caso es que, en función del parámetro al que apele mi memoria emocional, mi veredicto es realmente fluctuante. Cuando la tecla accionada tiene que ver con el primer disco de los Beatles que escuché en mi vida, no puedo dejar de pensar que *Beatles for Sale*, es el mejor de la banda. Este posicionamiento sobre el álbum que pasa como obra menor del cuarteto me ha hecho acreedor de no pocas y furibundas incomprensiones. Todo cambia si viene a mi memoria el primer disco de los Beatles que, con mucho esfuerzo, me compré. Entonces es *Help* la más magna obra de la historia de la música popular. Hasta que leo, claro, cualquier artículo sobre el disco que más ha influido en la música, y la portada de Peter Blake, y su primer puesto en la lista de los 500 mejores álbumes de todos los tiempos en la revista *Rolling Stone* ¿Quién soy yo para negarle ese honor al inconmensurable *Sgt. Pepper*?

Dicho esto, no es más cierto que suelo defender en algunas sobremesas que cualquiera de nuestros invitados podría, como ya adelanté, y tras sucesivos descartes, seleccionar catorce temas del nutrido catálogo del *White Album* y obtener así, sin ningún género de duda, el mejor disco que hubo, hay y habrá por los siglos de los siglos *¿Amen?*

Realmente nada de esto es absoluto porque, tras un inevitable recuerdo a uno de mis compañeros de pupitre que abanderaba la defensa de *A Hard Day´s Night* como el mejor disco del grupo, no puedo dejar de situarlo como el primero de la lista. Aquel disco me lo compré porque uno de mi clase me dijo que era "su disco favorito" y cuando lo escuché comprendí qué era llegar a la cima en el diseño de melodías, a la cima del pop. ¿O la cima del pop fue ya alcanzada y jamás superada por el refrescante y vitalista descaro de *Please, Please Me* o *With the Beatles*. Claro que el revolucionario *Revolver*… ¿acaso no es el mejor disco de los Beatles? Seguro que esta opinión la comparte Matthew Weiner, creador de la serie *Mad Men*, que llegó a pagar 250.000 dólares en concepto de derechos de la canción «Tomorrow Never Knows» para que en uno de sus episodios, el personaje protagonista, Don Draper, pinchara este tema de Revolver. Ahora se entiende porqué escuchamos en publicidad tantas canciones de los Beatles (bancos, seguros de vida, coches) pero siempre en versiones de otros artistas. Sin duda, sale más barato.

Fotograma de la secuencia de la serie *Mad Men* en la que escuchan un corte de *Revolver*.

En fin, cómo decidirlo. Esta tarde he escuchado *Abbey Road* con esa tan exquisita producción, y después de pensar, "Dios, qué temazos, no hay un álbum que lo supere" he descubierto, como una revelación, la respuesta al eterno enigma y no puedo por menos que compartir con todos ustedes (…momento de expectante silencio solo roto por murmullos de incredulidad)…

El mejor disco de los Beatles es siempre el último que escuchas.

Algunos temas buenos, regulares...
y los otros

Lo mejor y lo peor

El primer sencillo de los Beatles fue publicado en 1962. En su cara A estaba «Love me Do» y en la cara B «P.S. I Love You». Solo ocho años más tarde, el 6 de marzo de 1970, fue publicado el último sencillo con «Let It Be» y la inclasificable «You Know my Name (Look up the Number)» en las caras A y B, respectivamente. No es mucho tiempo considerando todo lo que ocurrió en el transcurso de ambos lanzamientos.

«Love me Do» no fue un éxito. Entró en las listas fundamentalmente gracias a las 22.000 copias que compró Brian Epstein para su tienda North East Music Stores. Y es que «Love me Do» es un tema nada convencional. Solo dos acordes para toda la canción, que suben a tres en el puente y que, si se pone uno mismo a tararearla sin soporte instrumental alguno, de puro rudimentaria, casi tribal, sale un cántico difícilmente clasificable. El caso es que desde la entrada de John con una harmónica a la que parece que se le va a desatornillar el juego de lengüetas debido a la potencia de su soplido, construyen un tema en el que acabó confiando George Martin como el banderín de salida de The Beatles. No fue tarea fácil, ya que necesitó tres baterías hasta encontrar la base rítmica que buscaba. Como ya me referí en el apartado sobre los "otros baterías de los Beatles", pasaron por el taburete Pete Best, Ringo y Andy White.

Desde entonces, y hasta sus últimos éxitos, es inevitable mirar toda su obra con perspectiva y aventurarse a identificar cuáles podrían ser, por ejemplo, sus diez mejores canciones. La tarea es sencillamente inviable.

The Beatles: 100 Greatest Songs se llama el especial de la revista *Rolling Stone* que propone las mejores canciones de los 'Fab Four'. Esta propuesta recoge, además, cuáles fueron los mejores títulos para Paul McCartney y John Lennon e incluye textos de los cuatro miembros y la historia de cada una de las canciones. En el caso de Lennon, constituye una labor de documentación interesante porque de lo que más le gustaba hablar era de las canciones que odiaba. Seguramente en esa lista de las cien mejores habrá un altísimo consenso entre todos aquellos que quieran opinar al respecto. El problema está lógicamente en las diez primeras, porque se trata de un puesto que no se alcanza únicamente por la indiscutible calidad objetiva de los temas, sino por el impacto que han causado en cada uno y por las fibras que tocan en las emociones de aquellos que las escuchan.

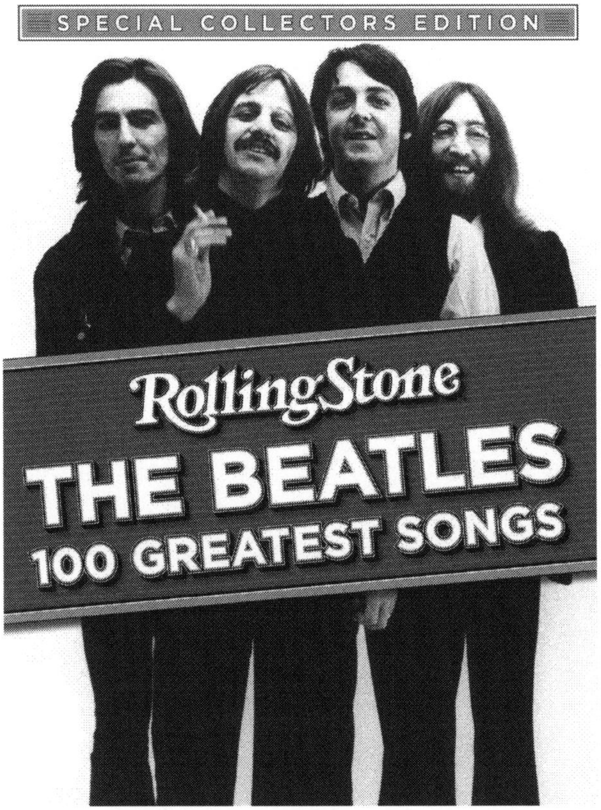

Especial *Rolling Stone* - Beatles 100 greatest Songs.

Las diez primeras en la lista de *Rolling Stone* son: «A Day in the Life», «I Want to Hold your Hand», «Strawberry Fields Forever», «Yesterday», «In my Life», «Something», «Hey Jude», «Let It Be», «Come Together» y «While my Guitar Gently Weeps». Obviamente, a nadie en el planeta que se ponga a confeccionar una lista semejante le va salir igual. En mi caso deberían caer, por lo menos «Yesterday» y «Let It Be» en beneficio de otras como por ejemplo, no sé, «Please, Please Me», «Happiness Is a Warm Gun», «Sexy Sadie» o «Help». Pero entonces ya salen más de diez, por eso es inviable. Cada uno tendrá su lista. Seguramente siempre quedarán denominadores comunes, como «Strawberry Fields Forever» o «Something». Cómo prescindir de ellas. O cómo renunciar a «In my Life», que la revista británica *Mojo* consideraba la mejor canción de todos los tiempos en la lista del año 2000. Otro denominador común de esas canciones que nos empeñamos en introducir en los diez primeros puestos es que, por lo general, todas fueron números 1. Pero ¿qué hay de esas joyas, a veces algo escondidas, que jamás llegaron a Número 1?

Un colega *beatlefílico* comentaba que, para superar su adicción a los Beatles, su psiquiatra le prescribió una terapia consistente en una serie de duras medidas de desintoxicación. Para empezar tuvo que elaborar una lista de diez cosas que no le gustasen de los Beatles. Después de poner en primer lugar "que se separaran", y en segundo lugar, "la carrera en solitario de Ringo Starr", ya no se le ocurrió nada más que añadir. Debido a la gravedad del caso, el psiquiatra tuvo que aplicar una severísima terapia de choque consistente en hacerle señalar las diez peores canciones de los Beatles. No pudo pasar de seis, entre las que se encontraban "Revolution 9», «Flying» y «It´s All Too Much». Pero, con un poco de esfuerzo, creo que podríamos fácilmente encontrar algún que otro tema para el olvido.

Este libro pretende ser un espacio de encuentro donde flotemos confortablemente en el líquido amniótico de la *beatlefilia* junto con nuestras propias obsesiones. Así que nos ocuparemos de todo, de las joyas que no fueron Número 1 pero que nos sedujeron hasta dejar una huella imborrable en nuestra memoria músico-emocional y, sin miedo a la oscuridad, poner sobre la mesa las peores canciones de los Beatles. Vayamos primero con esas joyas que no fueron Número 1.

Sin orden alguno, no sé porqué empiezo por «That Means a Lot», descartada en *Help* y que no ve la luz hasta el *Anthology;* «And your Bird Can Sing» de mi adorado *Revolver*; «Hey Bulldog» con su vibrante *riff* de piano. Del *Blanco* me obnubilan, entre otras, «Blackbird» y «I Will». Me encanta el rock que es capaz de inventarse Harrison con «Savoy Truffle». Y qué decir de «Old Brown Shoe». La historia del rock and roll tiene dos momentos memorables en torno a los 'zapatos': el «Blue Suede Shoes» (1955) de Carl Perkins, en los albores de este género, y «Old Brown Shoe» (1969). No puedo evitar poner varias veces esa entrada de Paul con el piano y un bajo absolutamente incomensurable antes de escuchar el resto del corte, porque es un auténtico tren de mercancías. En el estribillo, Paul vuelve a estar rotundo de nuevo con el bajo. Otro éxito de

George escondido como cara B de la sin duda menor «The Ballad of John and Yoko». Un tema muy potente que Clapton rescata para el *Concert for George* en una magnífica versión a cargo del gran Gary Brooker.

Harrison consolando a Jerry Lee Lewis en el funeral de Carl Perkins.

El *medley* de la cara B de *Abbey Road* me entusiasma con ese inicio: «You Never Give me your Money». Si quiero una lista de diez temas, me quedan dos. Quemaré los últimos cartuchos con «I'll Follow the Sun» y «I Am the Walrus». Soy también consciente de que habrá tantas combinaciones en este apartado como personas próximas a la *beatlefilia*. Como dijo el poeta: "Eternidad que se hace canción, para quedar en los caminos como un bálsamo de los días vividos".

Una vez hice una encuesta en las redes sobre el particular y tuvo como resultado la lista que se presenta. Sé que desde el punto de vista de cada lector, no están todas las que son, ni son todas las que están, pero bien podríamos denominar a este insólito recopilatorio, fruto del esfuerzo compartido, el *Disco Naranja* para añadirlo al *Disco Rojo* y al *Disco Azul* de nuestra discoteca. Un bonito regalo para las próximas Navidades. Pero no diremos nada a la industria discográfica, que nos toman la palabra.

CARA A	CARA B	CARA C
And your Bird Can Sing	I Saw her Standing There	Rain
Baby's in Black	I'll Be Back	Savoy Truffle
Blackbird	I'll Follow the Sun	Sexy Sadie

Dear Prudence	I Want You	She Came through the Bathroom Window
Doctor Robert	I Will	She Said she Said
For no One	If I Fell	Taxman
Golden Slumbers	It's only Love	That Means a Lot
Happiness is a Warm Gun	Julia	The Night Before
Here, There and Everywhere	Long Long Long	This Boy
Hey Bulldog	Not Guilty	Yes It Is
I'm only Sleeping	Oh, Darling	Your Mother should Know
I Call your Name	Only a Northern Song	You Never Give Me Your Money
		You Know my Name (Look up the Number)

Inexistente triple álbum recopilatorio 'sin números 1' conocido como *Disco Naranja*.

Llegados a este punto, tarde o temprano teníamos que abordar un asunto delicado. No podía plantearlo antes porque requería un cierto recorrido dialéctico y que ustedes, lectores, y yo vayamos cogiendo confianza y tomándonos la medida. Otros ya abordaron esta cuestión con éxito incierto. Discutir sobre los mejores temas de los Beatles es un parterre plagado de olores nostálgicos que en nada puede parecerse a esta incursión por un suelo plagado de minas antipersona, las minas de la susceptibilidad.

Como ya habrán adivinado, me estoy refiriendo a... (Música con inquietante golpe de orquesta)... ¡LAS PEORES CANCIONES DE LOS BEATLES!

Sí, como en toda clasificación vertical en forma de lista hay ítems en la parte inferior de la misma que, en el caso que nos ocupa, deben corresponder por lógica matemática a las 'peores canciones'. Su ránking está incluso más sometido a la singular experiencia personal que el excelso percentil superior de las mejores canciones. Por esta razón, es de vital importancia que nadie se moleste, pues bien puede darse la circunstancia de que lo que para alguien es totalmente prescindible, para otro es esencial. Pero lo dudo. La primera consideración que habría que hacer es que no sería adecuado hacer una lista monolítica. Debe haber necesariamente diferentes categorías. Quiero decir, que no siendo de mi gusto, por ejemplo «What Goes on», no podría formar parte de la misma especie que «Revolution 9», que, en fin, se trata más de un experimento que de una canción. Por tanto, descartemos en primer lugar esos experimentos que, como cualquier científico sabe, no siempre arrojan luz. Además de la citada «Revolution 9», tendríamos que incluir las penosas «What´s the New Mary Jane» o «Brian Epstein Blues» (ambas de las sesiones del *White Album)* y otro montón de locuras que, lógicamente, jamás vieron la luz. Y no incluyo aquí «Wild Honey Pie» porque –aviso para navegantes– a mí me gusta.

En la siguiente categoría, claramente diferenciada del experimento, nos encontramos con esos temas que, si tenemos el mando a mano, nos saltamos según estemos de ánimo. Habrá algunos que se apresurarán a incluir aquí «Within You Without You», pero que no cuenten conmigo. Tampoco valen temas como «Maggie Mae» porque no es de los Beatles, aunque *Let It Be* hubiera quedado mejor sin ella. ¿Qué tenemos en este apartado entonces? Bien, yo diría que la citada «What Goes on», escrita por Lennon en los tiempos de The Quarrymen; las acreditadas a los cuatro Beatles «Dig It» y «Flying» o la soporífera «Blue Jay Way». Acabaría esta categoría con canciones que no son precisamente un alarde de inspiración como «Baby You´re a Rich Man» o «Only a Nothern Song». Y, en fin, para una juerga con los amigos me encanta «All Together Now», pero fuera de este contexto no le otorgo mucho más recorrido.

Para terminar, la categoría en la que pueden producirse mayores disensos. Se trata de temas significativamente distantes de la obra maestra o que envejecieron con media docena de audiciones. Estoy refiriéndome a temas como «Yellow Submarine» u «Ob-la-di Ob-la-da» que, sin duda, tienen legiones de beligerantes fans entre los que se encuentra mi hermano Eduardo. También en *Revolver* hubiera preferido una alternativa a «Dr. Robert» y que en el *Sgt. Pepper* apareciera «Strawberry Fields Forever» o «Penny Lane» en lugar de «Good Morning, Good Morning». Creo que a Lennon le suscitó una mayor inspiración el jardín de la casa del Ejército de Salvación que veía desde su ventana que el anuncio de cereales Kellogg´s. Estas canciones, no obstante, cumplen una importante función: que podamos comprender que los Beatles son de este mundo. Sin ellas, sospecharíamos que el resto de temas fue el fruto de alguna suerte inconfesable de inspiración sobrenatural. En este sentido, hablando de momentos de inspiración, son especialmente remarcables esas composiciones aparentemente sencillas en su estructura y armonía, pero cuyo resultado es de una gran sofisticación musical. Podríamos decir que son temas muy simples pero, a la vez, muy brillantes.

Algunos temas muy simples y muy brillantes

Lo primero que se oye cuando uno acuesta suavemente la aguja del tocadiscos en el álbum *Let It Be* es una frase aparentemente absurda de John Lennon: "I dig a pigmy by Charles Hawtrey and the Deaf Aids. Phase one in which Doris gets her oats". Y tras esta incongruencia, un golpe en la caja de la guitarra acústica Martin D-28 y comienza, con un arpegio en Sol mayor, «Two of Us», esa bonita canción sin pretensiones. Me encanta este primer corte de *Let It Be*. No hay que ser un genio para saber porqué se titulaba originariamente «On Our Way Back Home», tema que Paul afirmaba haber dedicado a su esposa Linda Eastman, aunque los más ingenuos siempre creyeron que hablaba de John Lennon.

En cuanto al significado de la primera frase recitada por John, se han escrito ríos de tinta por todos aquellos que cayeron en la trampa de pensar que significaba algo. "I dig a pigmy" en lugar de "I dig a pony", que es el título del siguiente tema del álbum, alude al consumo de droga. Charles Hawtrey fue un famoso actor de teatro británico nacido en 1858. *Deaf Aids*, ayuda para sordos, es una manera popular, casi despectiva, de llamar a los audífonos. Doris, a la que vuelve a nombrar en «Dig a Pony» puede ser Doris Day que consigue "her oats" (su avena) una forma ruda, muy portuaria, de indicar que Doris consigue tener sexo. ¿Qué significa todo esto? absolutamente nada o, en todo caso, que John había hecho el *tea break* con su dosis de LSD.

Los Beatles en las sesiones de *Two of us*.

Pero volviendo a lo que nos ocupa, «Two of Us»: Una de las primeras tomas de la canción, muy vitalista, estaba más próxima al rock, tal y como podemos comprobar en la película *Let It Be.* Sin embargo, este perfil no acababa de convencer a Paul, por lo que terminaron optando por las guitarras acústicas acompañadas de una línea de bajo que en realidad proviene de la guitarra *Fender Telecaster* de Harrison. Pero siendo, como decía, una canción sin aparentes pretensiones, alberga una de esas sorpresas armónicas a las que nos tiene bien acostumbrados Paul McCartney. Como ya adelanté en la introducción de este libro, tras un estribillo en Sol que podríamos considerar casi previsible, y fuera de toda lógica, rompe la melodía con un puente en Si bemol ("*...You and I have memories*") dando a la canción su peculiar y muy mccartniana impronta. Partiendo de la sencillez, acaba siendo modestamente genial. O genialmente modesta, no sé.

Aprovechando el título de la canción, «Two of Us», y solo para los muy conscientes de su *beatlefilia*, el mismo director de *Let It Be* (el documental) Michael Lidsay-Hogg, dirigió una película sobre uno de los encuentros entre Paul y John en casa de éste último en Nueva York, en el legendario edificio Dakota. Usted la puede encontrar con facilidad en *You Tube*.

Cartel de la película *Two of Us*.

El juego que les propongo consiste en calibrar la verosimilitud de los diálogos de la historia teniendo en cuenta que dichos encuentros realmente se produjeron hasta que un día John le espetó a Paul que dejara de presentarse en su casa sin llamar, que ya no tenían 16 años. Una costumbre, en todo caso, muy habitual de Paul McCartney, tal y como nos recuerda su biógrafo Peter Ames Carlin.

En la misma línea de «Two of Us» podemos encontrar otros temas de los Beatles brillantes en su aparente simpleza. Algunos de ellos, si me permiten la referencia personal, cumplen en mi vida funciones esenciales. El otro día oí a una nutricionista resaltar la importancia de invertir por lo menos quince minutos en el desayuno para comenzar el día de forma saludable. Esto es para mí una máxima inexcusable que practico cada mañana saboreando una tostada con aceite de oliva, y un buen café negro, mientras leo el periódico en mi *Ipad*. El problema es que en la ecuación matutina también debo incluir tocar una canción de los Beatles. Yo no puedo irme a trabajar sin tocar al menos un tema. Y para acabar la fórmula debo añadir que, en todo caso, antes de ir a trabajar debo dejar a mi hija en el colegio. La interacción de todos estos elementos da como resultado que, en muchas ocasiones, opte por tocar «Her Majesty». Es una interpretación muy socorrida cuando el tiempo apremia, ya que resuelves el segundo término de la ecuación (Desayuno zen + guitarreo beatle + niña al cole) en veintitrés segundos, que es lo que dura esta canción con la que Paul McCartney cierra *Abbey Road*.

En un principio este tema iba a ir entre «Mean Mr. Mustard» y «Polythene Pam», pero finalmente fue la última del disco aunque, como se puede apreciar, comienza con la impactante nota final de «Mean Mr. Mustard» por un error en el corte de la cinta. Se trata, por tanto, de la última canción del catálogo de los Beatles, y el hecho de que suene después incluso del titulado explícitamente «The End» es el síntoma inequívoco del mensaje encubierto de Paul, que sería algo así como: "El disco termina cuando yo digo, y soy yo quien, al final, cierra la puerta y apaga las luces. Soy, en definitiva, quien tiene la última palabra en la despedida del mejor grupo del mundo".

Siguiendo con el recopilatorio de temas brillantemente simples, es ineludible detenerse en los que John y Paul dedicaron a la naturaleza. Hubo un momento en la historia de nuestra especie que decidimos separarnos de la naturaleza para convertirnos en sus usuarios primero y en sus implacables destructores después. Las razones son muchas y quizás todas condicionadas en alguna medida por el mandato bíblico "Llenad la Tierra, sojuzgadla y tened dominio sobre los peces del mar, las aves del cielo y todos los animales que se desplazan sobre la tierra" (Génesis, 1). Dicho y hecho, la humanidad se puso manos a la obra.

En todo caso, a pesar de ser ese nuestro destino como especie, el instinto que recurrentemente se despierta en cada individuo es volver a ser naturaleza. No 'volver' a la naturaleza, sino 'ser' naturaleza. Esta es la razón por la que, cuando contemplamos un paisaje natural fabuloso, la experiencia no es completamente perfecta. Falta algo. Ese algo es que no somos realmente parte del paisaje. No somos el paisaje. Somos 'lo otro' que está ahí y casi siempre de paso. Carecemos de los recursos que poseían las antiguas sociedades tribales para formar parte del entorno, y eso nos genera una cierta sensación de frustración. Pero hay una salida. Hay una puerta que permite conectarnos con la naturaleza: esa puerta es la música.

Creo que a esa conclusión llegaron Paul McCartney y John Lennon después de escuchar el relato de Maharishi Mahesh Yogi titulado «Hijo de la madre naturaleza». El relato y el paisaje de la India inspiraron «Mother Nature´s Son» y «Child of Nature» respectivamente. El tema de John, incomprensiblemente, se descartó para el *White Album* y jamás se publicó en un álbum de los Beatles. Con el tiempo, este tema se disfrazó de otra cosa y se transformó, con otra letra diferente, en la historia del chico celoso, «Jealous Guy», que todos conocemos por el álbum *Imagine*.

Por su parte, la naturaleza ha sido fuente de inspiración en muchas ocasiones para Paul McCartney, como en el caso de «Heaven on a Sunday», concebida en la soledad de un barco en alta mar. O, cómo no, la explícita «Mull of Kintyre», Escocia pura en vena.

A pesar de los deseos de John Lennon, ahora no podemos imaginar un mundo sin religiones. Pero hubo una época en que todas las sociedades primitivas del planeta compartieron una única forma de conexión con el Todo consistente en la veneración a la naturaleza. Pero no como ente abstracto, sino referida al paisaje que estaba bajo sus pies desnudos. El Ganges en la India, las cinco montañas sagradas en China, los manantiales sagrados de Zinacantán en Chiapas (México)... Y así, en cada rincón del planeta, una expresión ancestral de íntima comunión con la naturaleza. En Iwol (Senegal), hay un árbol baobab grandioso, y no solo por su circunferencia de 23 metros. Es sagrado y varias veces centenario. Con un poco de flexibilidad, puedes acceder a su interior por una estrecha hendidura de su retorcida e intricada corteza. Estar dentro de ese árbol es una experiencia que no se puede describir con palabras. Durante el tiempo que permaneces en su reconfortante –y en cierto modo intrauterina– cavidad interior, llegas a *ser* naturaleza. A otra escala, tocar «Mother Nature´s Son» o «Child of Nature» con una guitarra acústica en la espesura de un bosque inhabitado, te abre esa puerta. Y cada uno debe descubrir por sí mismo qué hay al otro lado.

En el *White Album* encontramos otras canciones que aparentemente están conectadas con la naturaleza, como «Blackbird», pero realmente en este caso se usa la naturaleza como metáfora. Se trata de una canción que, en su desnudez, parece que ha resultado fácil de componer. Quizás lo fue para Paul McCartney. Pero tiene una melodía muy sugerente. Yo, debo confesarlo, estoy obsesionado con esta canción. No sé por qué motivo ni sé por qué razón, si me ducho, la tarareo, si quedo con mi guitarra, la toco una y otra vez, y si almuerzo, uso el cuchillo y tenedor cual baquetas para una *cover* de urgencia. Los psicólogos lo llaman 'pensamientos intrusivos'. Sin embargo, en esta ocasión el término no sería adecuado, porque 'intrusivo' tiene un matiz negativo al denotar que el afectado no desea, o bien desconoce, la presencia del intruso. No es mi caso. Yo estoy encantado con mis pensamientos intrusivos musicales y reconozco su presencia. Es una de las bondades de la *beatlefilia* ya que, como ya he señalado, se caracteriza por encontrar confortables tus propias obsesiones. Una de ellas, como adelantaba, es precisamente «Blackbird». No es este un libro para, salvo excepciones, explayarse sobre canciones concretas. Para canciones puede consultarse *Todo sobre los Beatles: La historia de cada una de sus 211 canciones*, de Jean-Michel Guesdon y Phillippe Margotin, que reconoce en esta canción unas virtudes no siempre compartidas por toda la crítica especializada. «Blackbird» no es solo una canción bonita, es una excelente canción. Pero vayamos por partes.

En cuanto al significado de la letra, la interpretación que nadie debería cuestionar es la que ofrece el propio autor al describirla como una metáfora de las tensiones raciales en Estados Unidos. Corría el año 1968. Sin embargo, es habitual dar crédito a cualquier otra versión que avale la supuesta superficialidad de Paul McCartney, como que fue inspirado por el trino de un mirlo en Rishikesh, o que se refería al despertar de John Lennon de sus excursiones a sustancias tóxicas. Si Lennon, que ya es leyenda, hubiera dedicado el experimento «Revolution 9» a las tensiones raciales de Estados Unidos del 68 ya se habría erigido una estatua conmemorativa en algún parque de Harlem.

De todas formas, este posicionamiento en una canción contra la segregación racial no es ni una mera anécdota ni una pose inopinada de los Beatles.

Hace unos años se subastó el contrato de dos conciertos que la banda ofreció en el *Cow Palace* de San Francisco en 1965. En dicho documento se detallan los honorarios de la banda (40.000 dólares), las condiciones de seguridad (ciento cincuenta agentes de policía) y, entre otros aspectos de la puesta en escena, una cláusula en la que los músicos prohíben taxativamente a los organizadores segregar al público "por razones de raza". Esta especificación en el contrato es consecuencia del conflicto surgido un año antes debido a que los Beatles se negaron a actuar en Jacksonville (Florida), cuando descubrieron que las gradas estaban divididas en dos grupos: blancos y negros. Es importante puntualizar que esta segregación en los estadios no era una "ocurrencia" de los organizadores, sino que venía avalada por las leyes del estado de Florida. Esta actitud de la banda no es insignificante. Ya era el grupo más famoso del mundo y creo que podemos afirmar que su gesto contribuyó significativamente a que cambiaran las cosas, como así se refleja en la película documental de Ron Howard *The Beatles: Eight Days A Week - The Touring Years* que recoge el testimonio de algunas personas de raza negra que asistieron a ese concierto. Es inevitable emocionarse cuando relatan su experiencia.

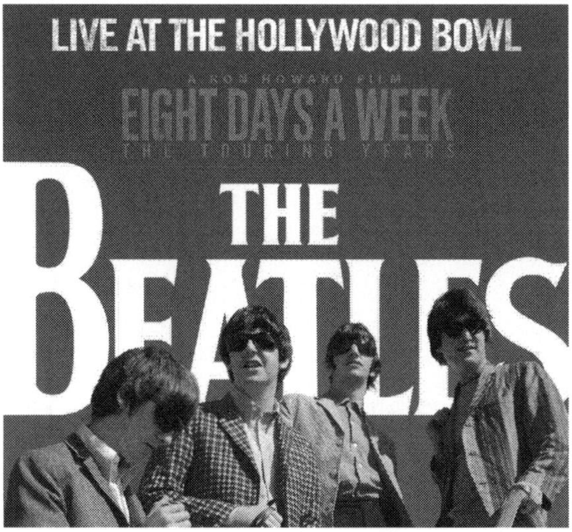

Eight days a week - the touring years.

Pero volviendo a la arquitectura de «Blackbird», encierra en su estructura una contradicción *vygotskiana* subyugante, en el sentido que planteaba en la introducción de este libro. Y es que, en contraposición a su aparente simplicidad, la melodía se asienta sobre tres compases diferentes, con una mano izquierda revoloteando como un mirlo sobre la guitarra acústica Martin D-28 (la misma guitarra que para «Two of Us») que acaricia con la nueva técnica *finger-picking* (aprendida de Donovan, también empleada en «Julia» y «Dear Prudence»). Su inspiración en el «Bourrée in E minor» de Bach, ya es por todos conocida. Si esta canción hubiera sido incluida en el *Sgt. Pepper*, como recordaba McCartney en una entrevista, debería llevar "violines y trompetas" pero ya no sería

«Blackbird». Su barroca desnudez quedó preservada en el *White Album*, el más ecléctico de la discografía beatle, a pesar del consejo de John Lennon instando a Paul a que introdujera un arreglo de metal, o del propio George Martin que optaba por un arreglo de cuerda. Al final, nada de arreglos orquestales, solo el *foot taping*. Es decir, solo Paul McCartney marcando con su pie el ritmo de la canción. Las malas lenguas apuntan que se sirvió de un metrónomo para llevar el ritmo con el pie pero esto no es posible: el *tempo* fluctúa entre 89 y 94 ppm y los metrónomos no se equivocan. Paul sí...lo que humaniza el *tempo* y la canción.

En fin, basta de tecnicismos, lo diré sin rodeos: «Blackbird» es la más bella canción escrita para guitarra acústica.

Pero no todo eran obras maestras, tampoco todas las canciones eran brillantes en su simpleza. Hubo muchos descartes que no fueron ni la cara A ni siquiera la B de su colección de singles. ¿Deberíamos llamar a estas canciones las caras C?

El plan C de los Beatles

Había siempre una especie de duelo de talento creativo entre Lennon y McCartney por ver quién conseguía colocar su composición en la cara A. Esta decisión no solía suscitar mucha discusión ya que, llegado el momento, cada uno era capaz de reconocer cuál era el tema con más tirón. Cabe decir que esta elegante actitud de mutuo respeto estaba condicionada por el hecho de que su principal interés era ganar dinero y lógicamente se venden más discos con un single de impacto. A fin de cuentas los *royalties* se repartían al cincuenta por ciento en virtud de que todo iba con la firma Lennon/McCartney. Quien obviamente salió perdiendo con la venta de singles fue George Harrison que tuvo que esperar hasta «Something» para ver una composición suya en la cara A de un single.

Este nivel de autoexigencia, a diferencia de otros grupos de la época, les llevó a elegir muy cuidadosamente las denominadas caras B de los singles que publicaban.

Era una política selectiva que eludía sistemáticamente la autocomplaciencia y que tuvo dos claras consecuencias. La primera fue que a los singles de los Beatles se les acabó conociendo como los 'doble cara A'. Demasiado buenos por cualquier lado que pincharas el disco. Por otra parte, hubo una serie de canciones que los Beatles descartaron, algo así como un plan C al que nunca recurrieron, y que en muchos casos cedieron a otros artistas. Todo este arsenal de canciones, debidamente descuartizado, empaquetado y servido en pequeñas dosis bajo el epígrafe de 'material inédito' se pone a la venta generalmente por Navidad para frustrante regocijo de los seguidores de los Beatles. Digo frustrante porque, como ya he indicado con anterioridad, no hay prácticamente nada nuevo desde su separación. Nada nuevo, de altura, o desconocido, se entiende.

Todos los amantes de Mozart somos conscientes de que, por razones obvias (murió en 1791), este músico superdotado ya no volverá a componer jamás. La buena noticia es que nos dejó más de seiscientas obras entre óperas, misas, conciertos para piano, etcétera, de modo que siempre podremos encontrar, sin demasiado esfuerzo, un Mozart inédito para nuestra memoria musical.

A los que nacimos en el 63, y una legión adicional de posteriores seguidores, nos pilló el gusto por los Beatles con el grupo ya separándose o separado. Es decir, hemos estado más de cuarenta años escuchando los mismos quince discos (con el *Magical Mistery Tour* y los *Past Masters*) una y otra vez. Probablemente miles de veces. Pudimos recuperar un cierto nerviosismo cuando tuvimos que añadir los CDs a la colección de vinilos, o con regalos más recientes como los ya citados *Anthology*, *Love* o *Let It Be Naked*.

En este contexto, es lógico que pasáramos muchos años añorando un nuevo encuentro de los 'Fab Four' que quedaría definitivamente frustrado con el asesinato de John Lennon. O que nos aferráramos a historias imposibles. Una de ellas era el citado Archivo de Mal Evans, en el que habría ido guardando durante años anotaciones, recuerdos y grabaciones inéditas de los Beatles. Un tesoro.

Mal Evans.

Evans murió por disparos realizados por agentes del Departamento de Policía de Los Angeles el 5 de enero de 1976 cuando pensaron erróneamente que la pistola de aire que sostenía era en realidad un revólver. La maleta con su misterioso archivo fue extraviada durante la investigación policial. Supuestamente, alguien la encontró, pero resultó ser falsa. Quizás algún día aparezca. Mientras tanto seguirá alimentando nuestros sueños. O quizás ese archivo ya no exista.

Mal Evans trabajaba a principios de los sesenta para el Servicio Postal Británico y, en sus momentos de ocio, era un asiduo de La Caverna y las actuaciones de los Beatles. El caso es que, debido a sus casi dos metros de altura, Mal no podía pasar desapercibido y pronto se hizo amigo del grupo pasando a trabajar de 'guardaespaldas' primero, y como una especie de *road manager* después, cuando empezaron las giras. Al concluir éstas, Mal Evans se convirtió en el chico de los recados de los Beatles, con intervenciones esporádicas en algunos de sus temas, coros aquí, unas palmas allá, y tocando el acorde final en uno de los pianos en «A Day in the Life».

Con la separación del grupo comienza su ocaso. Atraviesa problemas económicos y en 1974 se muda a Los Angeles, en principio para trabajar como productor musical avalado por un *currículum* inigualable: haber estado junto a los Beatles desde que no eran nadie hasta su disolución. Pero ese mismo año se separa de su mujer, con lo que al hacer balance personal el resultado le parece dramáticamente demoledor: lo ha perdido todo. Bueno, todo no. Conserva un maletín con grabaciones, memorias, fotografías, etcétera., hasta que tiene lugar el extraño suceso en el que es abatido por la policía.

George Harrison hizo una donación de 5.000 libras a la familia, pero en modo alguno fue suficiente para compensar lo que reclamaban su exmujer Lily y su hijo Gary. Las críticas del hijo hacia la ingratitud de los Beatles fueron muy explícitas ya que, tras la separación del grupo, la penuria económica de la familia Evans fue más que evidente. En este contexto, me temo que el maletín, en poder de Lily (pensemos la hipótesis más parsimoniosa: realmente no fue extraviado durante la investigación policial sino entregado a su familia) fue vendido por entregas a medida que necesitaban *cash*, lo que es síntoma evidente de que las grabaciones no tenían mucha relevancia porque, en caso contrario, ya las hubiéramos encontrado en las estanterías de los grandes almacenes algunas Navidades. Fotos, recuerdos y demás *memorabilia beatle* pertenecerán a un número indeterminado de coleccionistas que con indisimulado orgullo mostrarán sus trofeos a las visitas.

De todas formas, cabe otra posibilidad. Que nunca haya habido tal maletín con el contenido especificado. Porque lo que sí está contrastado es que Mal Evans llevaba siempre un maletín, pero cargado de cachivaches que previsiblemente pudieran necesitar alguno de los chicos: analgésicos, púas, cuerdas para la guitarra, patatas fritas, pañuelos de papel. De hecho, en una ocasión, haciendo las pruebas de sonido para grabar «Yellow Submarine» estaban buscando la forma de impermeabilizar un micro con el fin de sumergirlo en una botella llena de agua para ver si se conseguía con ello un efecto subacuático en la voz. Mal encontró la solución tras rebuscar afanosamente en su maletín: un preservativo. La prueba no tuvo éxito.

Si seguimos rastreando el material inédito y los descartes, tiene interés un álbum publicado en 1979 con el título *The Songs Lennon & McCartney Gave Away (Las canciones que Lennon y McCartney regalaron)* que recopila todos esos temas interpretados por los artistas originales agraciados. En realidad fueron temas que pasaron bastante desapercibidos, con alguna excepción, como es el caso del tema «A World without Love» que interpretó el dúo Peter & Gordon. Uno de los miembros de este dúo era Peter Asher, hermano de Jane, novia de Paul en aquellos años. Todo quedó en casa.

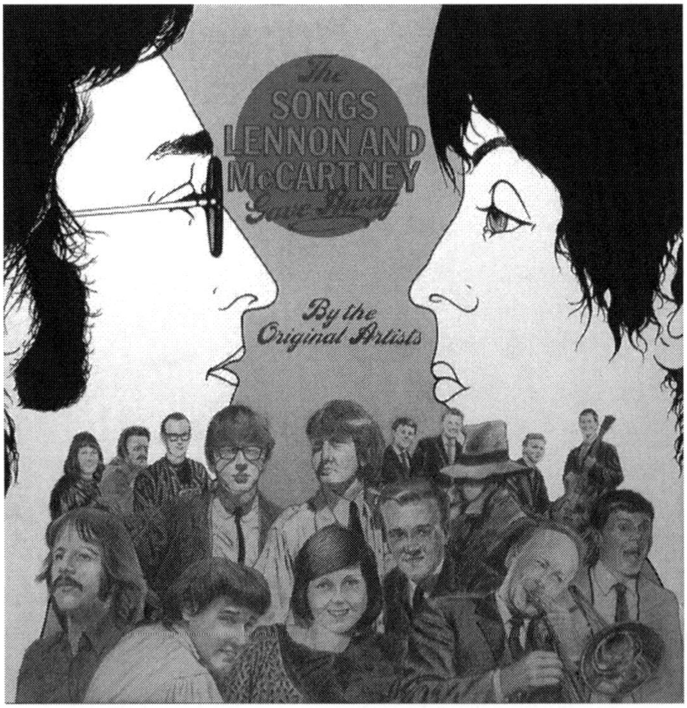

Portada del álbum *The Songs Lennon & McCartney Gave Away.*

Además de estos temas que hemos catalogado bajo el epígrafe de 'plan C', son innumerables los descartes de canciones que jamás retomaron en trabajos posteriores, ni en solitario, ni cedieron a otros artistas. Estos descartes normalmente tienen más forma de improvisación y responden a estándares de blues, jazz o rock & roll clásico y en la red se pueden encontrar a decenas. Lo cierto es que la razón fundamental por la que nunca fueron publicados es que, desde un punto de vista estrictamente musical, tienen poco o nulo interés o, como el caso de la experimental «Carnival of Light», son directamente a evitar. Este tema tiene el interés de que está pergeñado por Paul McCartney algo más de un año antes de que John Lennon concibiera «Revolution 9». En contra de la creencia popular, el vanguardismo experimental siempre lo trajo Paul McCartney al grupo.

La que sigue es solo una pequeña muestra de temas sujetos a un esquema estándar de blues o rock & roll, en realidad se pueden encontrar por decenas perdidos en la red:

You won't Get me that Way

Spiritual Regeneration

A Case of the Blues

Old Hillbilly Way

The Palace of the King of the Birds

Existen, no obstante, algunas canciones que sí merecen la pena como «Bad to Me», una de las primeras canciones de John Lennon, la citada «Sour Milk Sea» de George Harrison, «Goodbye» de Paul McCartney, más conocida en la voz de Mary Hopkin o, a mi juicio sin duda la mejor de todas, «Child of Nature».

Sour Milk Sea

Goodbye

Bad to me

Child of Nature

Un libro aparte merecerían las versiones rudimentarias y tomas previas de temas oficiales de los Beatles antes de darles la forma tal y como los conocemos.

Tempo original de «Help», más lento que la versión final

Tempo original de «Two of Us», más rápido que la versión final y en la que se lo están pasando como niños

Versión original de «Her Majesty», más larga que la versión final

Versión embrionaria de «Strawberry Fields Forever» que ya deja intuir una obra maestra

Este tipo de grabaciones son del gusto de buenos amigos como José Luis Gilsanz, que las recopila con paciencia de relojero. Resulta imprescindible para cualquier seguidor del grupo su obra *The Beatles: La guía definitiva*. Después de tanta prosa sobre el tema, es bienvenida una guía tan exhaustiva, sin literatura, sobre todo aquello que, desde un punto de vista técnico y curricular, hay que saber de los Beatles. Un auténtico manual de uso para comprobar qué modelo de guitarra se usó en aquel álbum, en qué fecha se grabó aquella canción o quién cantó en sus coros. Debemos confesarlo, es la obra perfecta para la ciencia que aquí se profesa: la *beatlelogía*.

Finalmente, cabe mencionar temas que no fueron compuestos por los Beatles. No son canciones de los Beatles, pero como si lo fueran. Hay ejemplos paradigmáticos. Incluso hubo un día en que yo creí que eran de los Beatles... hasta que empecé a hacerme preguntas.

La primera pregunta que me hice en la vida, hasta donde logra alcanzar mi memoria, fue: si Goofy y Pluto son perros ¿por qué Goofy puede hablar y Pluto no? Lo recordé de repente cuando, siglos después de aquel trascendental dilema, oí a mi hija preguntarse cómo es posible que Bob Esponja vaya a una playa con arena y costa si la historia transcurre en el fondo del mar. En realidad no tengo respuesta para ninguna de estas dos cuestiones, pero creo que la mayor parte de las veces lo importante es hacerse la pregunta adecuada en cada momento de la vida, sin dar nada por supuesto.

En relación a los Beatles, una de las primeras dudas que me rondaron por la cabeza durante años –muchos años antes de la aparición de Google– rezaba: ¿Qué fue primero, «La Bamba» o «Twist & Shout»? No tenía la contundencia filosófica del "Ser o no ser", ni la relevancia filogenética de "¿Qué fue primero: el huevo o la gallina?" Pero fue en todo caso la recurrente cuestión que en aquel momento necesitaba resolver ya que, como se puede apreciar, «Twist & Shout» y «La Bamba» son, en realidad, la misma canción: Do, Fa, Sol – Do, Fa, Sol.

Lo cierto es que la solución al dilema es inapelable. «La Bamba» es una canción anónima perteneciente al folclore mexicano, creada probablemente a finales del siglo XVII. Y «Twist & Shout» es un tema escrito en 1961 por Phil Medley y Bert Russell. Caso resuelto.

Como quiera que calzo esta anécdota musical en cualquier sobremesa que se precie o a quien me la quiera escuchar, ya es absolutamente predecible la inmediata pregunta que con ceño fruncido siempre me replica mi interlocutor de turno: "Ah, pero «Twist & Shout» ¿no es de los Beatles?" Pues no, no es de los Beatles. Pero considerando que la realidad es casi siempre una construcción social, como si fuera de los Beatles.

De todas formas, lo cierto es que la primera grabación de «Twist & Shout» fue a cargo de un grupo relativamente intrascendente, The Top Notes, en 1961 y, por cierto, producida sin pena ni gloria por –sí, otra vez– Phil Spector. Ese mismo año un grupo llamado The Isley Brothers, la vuelve a publicar pidiéndole a Spector que casi mejor que, si no le importa, se tome la tarde libre y, ya si eso, la producen ellos mismos. El resultado fue inapelable, logrando catapultar la canción a las listas de éxitos. De hecho, esta versión de los Isley Brothers fue recatapultada años más tarde, en 1964, arrastrados por la estela de la apoteósica grabación de unos Beatles, ya imparables, que encaraman «Twist & Shout» a los primeros puestos de ventas.

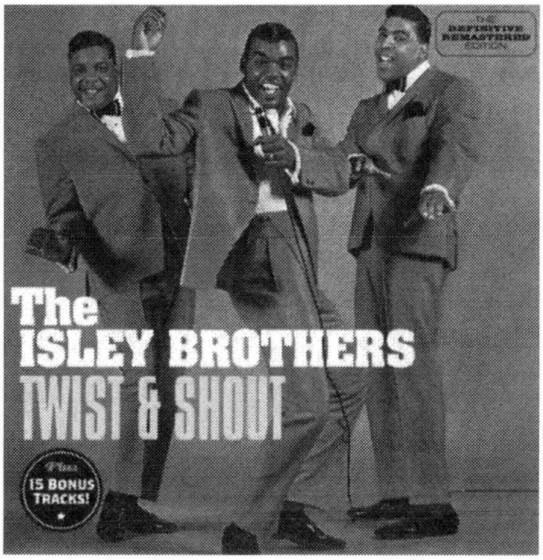

The Isley Brothers *Twist And Shout*.

Llegados a este punto, hagamos un alto en el camino para que, si se encuentran en uno de esos días en que dudan sobre qué música 'pinchar' en casa (terminología vinilo), revise The Isley Brothers. No le defraudaran. Este grupo que, además del pop, domina palos como el soul, el funk o el hip hop, pasa por ser el grupo que más tiempo ha perdurado en la historia del rock. Fundado en 1954, todavía sigue en activo, por supuesto con miembros de dos generaciones entre sus diferentes formaciones a lo largo de sus más de sesenta años de vida.

Y hablando de canciones que no son de los Beatles pero como si lo fueran, es inevitable hablar de «Please, Mr Postman» del magnífico álbum *With the Beatles*. Creo que no hay una canción en la historia que me lo haga pasar mejor que este bestial tema de Brian Holland, Robert Bateman y Freddie Gorman. Antes de la versión de los Beatles, este tema ya fue Número 1 con The Marvelettes, cuya grabación de 1961 tiene el morbo adicional de saber que la batería corre a cargo del gran Marvin Gaye que, por otra parte, algo comparte con los Beatles. Efectivamente, en la lista de los diez mejores álbumes de rock de todos los tiempos, según una de las listas de la revista *Rolling Stone*, el sexto lugar lo ocupa *What's Going On* de Gaye mientras que el *Sgt. Pepper's Lonely Hearts Club Band* ocupa, como ya adelantamos, el primer lugar. Claro que, lo realmente sorprendente no es que un álbum sea el mejor de todos los tiempos. Lo que verdaderamente resulta extraordinario es llegar a comprender cómo se hacen las canciones que lo conforman. Si tuviéramos la respuesta…

El insondable proceso de crear una canción y sus efectos: una perspectiva beatle

¿Cómo nace una canción?

La semana pasada, mientras practicaba yoga forzoso en el liliputiense asiento de un avión *low cost*, leí un artículo sobre el arte de componer música. Hacía referencia a una investigación sobre el proceso creativo basada en el análisis de los borradores recopilados de grandes maestros de la música clásica. Observando las primeras anotaciones, los tachones, las correcciones sucesivas, se pretendía hacer un mapa del laberinto en el que un compositor se adentra cuando hace música. Apasionante.

Parece ser que de Mozart no hay borradores. No es que se perdieran…es que nunca los hubo. No buscaba la melodía, la melodía iba a él. Escribía obras maestras como si se las dictaran. Un don extraordinario.

¿Qué nos podríamos encontrar utilizando el mismo método de análisis con las canciones de Lennon & McCartney? Me refiero a la época en la que construían juntos las canciones. Al comienzo de la andadura de los Beatles, en los inicios de los años sesenta, cuando eran poco conocidos, hubo una cantante muy famosa que les ayudó a llegar a una audiencia más amplia. Se trataba de Helen Shapiro, y los Beatles fueron sus teloneros. Las vueltas del destino nos obligan a mirar con cierta perplejidad cuántas personas se acuerdan hoy de la estrella a la que los Beatles hacían de secundarios.

Helen Shapiro.

Durante una de las giras de esta artista, Paul y John podían coger un autobús en York y cuando se bajaban en Shrewsbury tenían compuesta «From Me to You». O en cualquier noche de hotel, con las guitarras enfrentadas en alguna de sus habitaciones, armaban sin demasiadas complicaciones «She Loves you». Se empezaba a ensamblar la fuerza sinérgica más creativa de la historia del pop.

El procedimiento utilizado cuando componían por separado parece que era significativamente diferente: mientras que la primera referencia en la brújula creativa de Paul era la melodía, John, según el testimonio de George Martin, hacía las canciones a trozos, a partir de retales de letra que podía construir observando un cartel circense, un anuncio de cereales o las hojas del *Daily Mail.*

Paul y John en pleno proceso creativo (en casa de Paul).

En el caso de Paul, atesoraba melodías 'huérfanas' que tardaron mucho tiempo en ser letradas. «Michelle» fue un tema instrumental que compuso en su época del *Liverpool College Art* y no vio la luz hasta *Rubber Soul.* Lo mismo que «When I'm Sixty Four», que compuso con 16 años sin saber que estaba indefectiblemente predestinada al *Sgt Pepper.* También fue primero la melodía en la sublime «Here, There and Everywere» cuyos acordes vinieron a Paul sentado en el borde de la piscina de la casa de John. Pero, ¿cómo llegan esos acordes? Esa es la cuestión. Ese es el misterio. Debe haber una estrategia por cada compositor que hace canciones, pudiendo existir gran diversidad de métodos: desde el 'capturar el concepto' de Paul Simon –que confesaba en una entrevista que lo primero que tiene en la cabeza cuando compone una canción es el título– hasta compositores totalmente entregados a la melodía, como Elton John, que siempre delegó todo el trabajo de las letras a Bernie Taupin.

Otra variable que no debe desdeñarse a la hora de componer canciones es el contexto. Según Gabriel García Márquez, la inspiración consiste en tener el estómago lleno y la habitación caldeada. Lo de la habitación caldeada parece algo que tenían claro los directivos de EMI cuando montaron un estudio de grabación en Lagos (Nigeria). O también George Martin cuando decidió construir una sucursal de sus AIR Studios en la castigada isla de Montserrat, al sureste de Puerto Rico.

Uno de los trabajos más inspirados de Paul McCartney, *Band on the Run*, fue producido precisamente en los estudios de EMI en el exótico Lagos donde, con toda certeza, encontró la habitación caldeada que necesitaba para componer. El problema es que, en el mismo *pack* de exotismo caldeado, Nigeria no ofrecía demasiada seguridad, y cuando solo llevaban una semana, Paul y Linda fueron atracados durante un paseo nocturno. Los ladrones les quitaron varias pertenencias a punta de navaja, incluida una bolsa en la que Paul llevaba las maquetas de las grabaciones y libretas con las letras de las canciones. Así que el álbum que hoy conocemos es en realidad lo que Paul logró recordar de todo lo que había compuesto. Sería curioso cotejar esta versión con la que se llevaron los asaltantes y que probablemente arrojaron a alguna alcantarilla.

Paul McCartney en Lagos con Fela Kuti.

Y ¿qué me dicen de los sueños? A mí, hace décadas que se me repite un sueño cada cierto tiempo y es, junto con volar, el momento más grandioso que me sobreviene en mis experiencias oníricas. El sueño es siempre más o menos igual: aparezco en un escenario tocando al piano «Lady Madonna». Considerando que no sé tocar el piano y que jamás podré volar (incluso tomando mucha carrerilla a gran velocidad para iniciar el despegue como me pasa en los sueños) podríamos decir, en contra de toda lógica «Mr. Wonderful», que hay sueños que jamás se harán realidad.

Con Paul McCartney, sin embargo, el inconsciente fue increíblemente más generoso. Una noche soñó «Yesterday» y al despertar tuvo la sensación de que ya había oído antes esa canción. Es la razón por la que este tema le estuvo rondando en la cabeza desde el otoño de 1963 hasta que decidió grabarla, y solo después de que opiniones expertas como la cantante Alma Cogan o el compositor teatral Lionel Bart le confirmaran que nunca antes habían oído esa melodia. Paul no fue el único. Salvando las distancias, al menos históricas, Wagner aseguraba que la introducción orquestal de *El Oro del Rhin* le vino en sueños, concretamente en Mi bemol mayor (¿también el tono?). Y, en fin, Oliver Sacks, en su obra *Musicofilia* nos recuerda que muchos de los grandes compositores clásicos hablaban de sueños musicales y a menudo encontraban en ellos la inspiración.

Otro periplo largo y lleno de puertas laberínticas que pueden hacer atracar una canción en mil destinos diferentes es su sonido, su ritmo, su tono, en definitiva, su enfoque. Como podemos comprobar en muchas grabaciones de los Beatles, desde la concepción embrionaria con la que cada uno presentaba a los demás una melodía compuesta con la ayuda de una guitarra desnuda, con letra y título provisionales, hasta lo que finalmente escuchamos en el vinilo, hay recorridos musicales realmente sorprendentes. La ayuda de los demás miembros de la banda y, sobre todo, el papel de George Martin en el acabado final es de una relevancia decisiva. Y en el contexto de la producción de la canción tampoco debemos olvidarnos de su sonido. Una de las joyas editoriales de la infinita bibliografía sobre los Beatles es *El sonido de los Beatles*. Se trata de las exhaustivas memorias del ingeniero de grabación Geoff Emerick, en las que relata una asombrosa cantidad de anécdotas del trabajo cotidiano de los 'Fab Four' en los estudios de Abbey Road. Además del indudable provecho que un mitómano puede obtener de su lectura, también se detalla cómo los álbumes de los Beatles fueron pioneros en algunas de las técnicas de grabación que más tarde fueron copiadas de forma habitual en buena parte de las producciones de pop y rock, entre las que destacamos:

Doble tracking automático

Un impaciente John Lennon siempre detestaba tener que cantar dos veces la misma canción, pero era una tarea habitual en Abbey Road ya que al sobreponer las dos grabaciones se lograba que la voz tuviera un ligero efecto de eco muy del gusto de los Beatles. Para no aguantar las constantes protestas de Lennon, a Ken Townsend, uno de los ingenieros de sonido que también trabajó con los Beatles se le ocurrió que si reproducía dos veces la misma pista con un ligero retraso entre una y otra, obtendría el mismo efecto. Si se prescindiera del retardo y la variación de velocidad, se obtendría una réplica exacta que no produce ningún efecto de modulación, sin embargo, la desincronización de ambas grabaciones produce un resultado muy interesante, que podemos reconocer en muchas de las grabaciones de los Beatles y por extensión, en todas las producciones musicales que vinieron después.

Sampling

Se trata de la acción de grabar un sonido en cualquier tipo de soporte para poder reutilizarlo posteriormente como parte de una nueva grabación. La primera vez que se usaron grabaciones de otros instrumentos, se segmentaron y se volvieron a unir en un orden distinto, fue en «Yellow Submarine». También recuerda Emerick que en «Being for the Benefit of Mr. Kite» buscaban un sonido que evocara el ambiente de un circo. Para ello, pidieron a EMI que les consiguieran un calíope, un costoso órgano de vapor que estos de ningún modo estuvieron dispuestos a asumir. La negativa no fue un impedimento para Emerick y George Martin, que grabaron varios sonidos de órgano con el impresionante resultado que ya conocen.

Órgano de vapor propio de los ambientes circenses, cuyo sonido logra imitarse en «Being for the Benefit of Mr. Kite».

Backmasking

Es una técnica sonora en la cual los sonidos son grabados a la inversa sobre una pista musical planeada para ser tocada hacia adelante. Hoy es común ver que los artistas incluyen grabaciones al revés. A veces lo hacen al final de sus discos, lo que da pie a todo tipo de interpretaciones sobre posibles mensajes ocultos. La primera grabación pop que usó esa técnica también fue un disco de los Beatles. *Revolver*, *of course.*

Todas las personas interesadas en el proceso de grabación de los Beatles tienen una biblia con la exhaustiva investigación musical realizada por Jerry Hammack que ha dado como resultado cuatro volúmenes titulados T*he Beatles Recording Reference Manual.* Hammack ha reunido más de 5.700 grabaciones de los Beatles, ha hablado con ingenieros, productores, asistentes, etcétera para obtener una detallada radiografía del proceso de grabación, del clima emocional en la banda y de las dinámicas de trabajo.

De todas formas, a pesar de todas las innovaciones técnicas, no existían los medios técnicos actuales, soportados normalmente por sofisticados *software*. Así que, si aguzamos bien el oído, seremos capaces de escuchar sonidos no previstos pero que, inevitablemente, contaminaron los micrófonos del estudio. Como por ejemplo el estallido de alguno de los globos que Mal Evans había dispersado por el estudio para poner en "situación festiva" a los músicos clásicos que debían interpretar el *crescendo* de «A Day in the Life». La idea de los globos tenía como fin neutralizar la estupefacción de los músicos de orquesta, que debían ir subiendo desde la nota más baja de su instrumento hasta la más alta sin partitura previa. También se cuela la voz del ingeniero de sonido en el comienzo de «Revolution 9», indicando apresuradamente: "Take two". Siempre más elegante que el "fucking hell!" que se le escapa a Paul McCartney en «Hey Jude» al inicio de la tercera estrofa. También podemos oír, bajo el "one, two, three" de George al principio de Taxman, el verdadero recuento que hace Paul para iniciar la canción.

Tampoco todo era resultado de algo sesudamente premeditado. Por ejemplo, la típica reverberación del *reprise* de *Sgt. Pepper* no estaba buscada, sino que fue la consecuencia de grabar en el estudio 1 de Abbey Road, mucho más grande que el estudio 2, donde se había grabado el resto del álbum pero que George Martin no pudo reservar para estas tomas.

En fin, cuando llevas escritas cientos de canciones, y después de más de 5.700 grabaciones, tiene que ser muy complicado no verse influenciado por tu propia producción anterior, de tal forma que es perfectamente comprensible que llegue el día en que, tratando de componer algo nuevo, te preguntes: ¿Esta canción no la compuse ya antes? Y ¿se me ha ocurrido realmente a mí?

Pero esta canción ¿es mía?

Supongo, no lo sé, que habrá ocasiones en las que Paul McCartney esté trabajando en una nueva melodía y de forma intrusiva solo le venga a la mente «Let It Be» o «Blackbird», por poner dos casos. Llegados a ese punto, quizás el trabajo creativo para artistas de este nivel consista sobre todo en una lucha por salir de un círculo de acordes que hace que todas las soluciones se parezcan a una u otra canción. Una lucha en la que, en ocasiones, se fracasa. Por ejemplo, el excelente tema «Nineteen Hundred and Eighty Five» que cierra *Band on the Run*, lo vuelve a 'recrear' Paul en otras ocasiones a lo largo de su carrera, o al menos esa es la sensación que tengo al escuchar «Promise to your Girl» del magistral *Chaos and Creation in the Backyard*. Esto también puede ocurrirle incluso a un beatle con respecto a la canción de otro, como a George Harrison, que cuando compone «Isn't it a Pity» le sale el mismo final que «Hey Jude». También es inevitable acordarse de la canción no publicada de Lennon «Happy Rishikesh» cuando escuchamos «Blow Away» de George Harrison. Se trata siempre de las comprensibles influencias de haber compuesto cientos de canciones y haber "crecido juntos".

ORIGINAL

Happy Rishikesh (John Lennon)

PARECIDO RAZONABLE

Blow Away (George Harrison)

Nada comparable a la desagradable acusación que tuvo que padecer Harrison con «My Sweet Lord», aunque finalmente fue reconocido como un episodio de criptomnesia (no confundir con olvidarse por completo la *kriptonita* en casa, un concepto que podría haber sido acuñado por Lex Luthor). La criptomnesia es una alteración de la memoria consistente en evocar un recuerdo y no reconocerlo como tal, de manera que la idea parece nueva y personal. Es lo que Paul temía que le podía estar pasando con «Yesterday», aunque finalmente pudo comprobar que era realmente una invención propia. Se trata de un proceso mental conocido en el contexto jurídico y forense como 'plagio involuntario'. El sujeto cree haber elaborado algo por primera vez, pero en realidad nos hallamos ante una idea que, en algún momento, fue almacenada en su memoria sin ser demasiado consciente de ello. Se llegó a esta conclusión después de que la Bright Tunes demandara a George Harrison, ya que el tema en cuestión, «My Sweet Lord», era extraordinariamente parecido a «He´s so Fine» de The Chiffons. Años más tarde, George Harrison hizo catarsis con la letra de «This Song» que publicó en su magnífico álbum *33 1/3* ironizando sobre este episodio que le llevó a los juzgados. La letra no tiene desperdicio.

Plagio de Harrison a las Chiffons.

En el caso que comentábamos, en ocasiones parece que puede resultar difícil no inspirarse en uno mismo, siquiera sea inconscientemente, a la hora de componer nuevos temas. Paradójicamente, cuando sobra talento para moldear melodías puedes permitirte hacer y deshacer variaciones de los mismos temas, como hace Paul con «You Never Give me your Money» y «Golden Slumbers» en la cara B de *Abbey Road*… O jugar con nuestras expectativas, porque ni «Bluebird» es la segunda parte de «Blackbird» (tendríamos que esperar hasta «Jenny Wren», en las propias palabras de Paul McCartney) ni, en el caso de Harrison, «Here Comes the Moon» nos recuerda ni por asomo a «Here Comes the Sun». Aunque en el caso de Paul, hay que reconocer que en el álbum

Tug of War se cita a sí mismo con «Somebody who Cares», descendiente directo de «I Will» y, aún más claro, con «Here Today», inspirada armónicamente en su antónima «Yesterday».

John Lennon, por su parte, compuso premeditadamente la misma canción con dos resultados diferentes en «This Boy» y «Yes it Is». Y también le salen dos canciones diferentes con la misma escala en «It´s only Love» y «Being for the Benefit of Mr. Kite». Pura magia.

John, en ocasiones, puede regalarnos la misma música con distinta letra («Jealous Guy» y «Child of Nature») y Paul la misma letra con distinta música (las dos versiones de «No More Lonely Nights» del *Give my Regards to Broad Street*). Pura artesanía compositora que exime de cualquier reproche los parecidos razonables citados u otros que se pueden identificar afinando la implacable lente de la *beatlefilia*. John Lennon para su «Remember» toma apuntes de la *jam* que se puede oír al final de la toma 37 de «Something» (disponible en la red). Lo curioso es que en el mismo disco, *Plastic Ono Band*, en el que aparece la citada «Remember», nos encontramos con «Look at me», que comparte la misma línea de guitarra que «Julia». Para este último ejemplo tienen que ponerse los auriculares y centrarse en los *riff* de guitarra de «Got to Get you into my Life» importados directamente de «Paperback Writer».

ORIGINAL	PARECIDO RAZONABLE
He´s so Fine (The Chiffons)	My Sweet Lord (George Harrison)

En fin, a pesar de estos "parecidos razonables", una virtud que hay que reconocer a los Beatles es su diversidad creativa. Aunque dicha diversidad creativa parece que fue característica común de una época, según un estudio realizado por el Consejo Superior de Investigaciones Científicas *(*CSIC*)* sobre la evolución de la complejidad de la música popular. La conclusión más llamativa parece ser que las canciones compuestas en las décadas más recientes, incluyendo los fabulosos sesenta, tienden a parecerse más entre ellas que las antiguas. El trabajo, que ha analizado 464.411 canciones, ha sido publicado en la revista *Scientific Reports* y dice demostrar que las transiciones entre los grupos de notas han disminuido de forma continua durante los últimos cincuenta y cinco años. Uno de los autores del trabajo, Joan Serrà, explica: “Estos parámetros musicales en las canciones son como las palabras de un texto y hemos observado que cada vez hay menos palabras diferentes (...) Dada una nota musical, es relativamente más fácil predecir cuál será la siguiente en una canción actual”.

El trabajo plantea otra conclusión colateral, para mí más importante, y es que las composiciones musicales más recientes también presentan una menor diversidad de timbres y tienden a interpretarse con los mismos recursos instrumentales. En todo caso, en lo que concierne a mis gustos personales, la mejor música que puedo escuchar desde Elvis hasta nuestros días es la que se hace con guitarra, bajo, batería y piano. Creo que la buena música, sea lo que fuere según el CSIC, no necesita mucho más.

En esta misma línea de reflexión, Javier Sampedro nos brinda una interesante apreciación en un artículo publicado en el periódico *El País* en agosto de 2012 titulado “Doce compases”, en el que relativiza la importancia de la primera conclusión a la que llega el estudio. Y es que, siendo esencialmente, y como ya hemos subrayado, «It´s Only Love» (*Help*) y «Being for the Benefit of Mr. Kite» (*Sgt. Pepper*) la misma canción, debemos concluir que la reincidencia armónica no es el verdadero problema. Efectivamente, como subraya Sampedro, todo el blues y la mayor parte del rock –desde el «Sweet Home Chicago» de Robert Johnson hasta el «Rock and roll en la plaza del pueblo» de Tequila pasando por el «Lazy» de Deep Purple y la totalidad de la discografía de, por ejemplo, B. B King– se basan obsesivamente en la misma secuencia de doce compases repetida una y otra vez hasta el paroxismo.

Entonces, ¿por qué siendo «It´s only Love» y «Being for the Benefit of Mr. Kite» la misma canción, son a su vez tan diferentes? No creo que esto lo veamos resuelto en el *Scientific Reports.* Pasaría lo mismo, por ejemplo, con los tangos. El argentino Coti Sorokin decía que si un marciano escuchara diez mil tangos, le parecería que está escuchando siempre la misma canción. Y obviamente no es el caso.

Quizás, al final, la respuesta sea más simple sin atender a la métrica y a enrevesados estudios de armonía: Cuando uno se plantea que lo de antes siempre es mejor, probablemente lo único que está ocurriendo es que se está volviendo viejo. En fin...

El orden 'natural' de las canciones o cosas que solo podemos hacer los que nos estamos volviendo viejos

Hace ya algunos años, en un programa de televisión anunciado como "un concurso de personas sorprendentes que hacen cosas increíbles" se presentó un individuo que, con solo dos segundos de audición, podía reconocer hasta doscientas bandas sonoras de películas de cine. Sorprendente, sin duda, pero tengo la convicción de que cualquiera de las personas que comparten mi síndrome, la *beatlefilia*, atesoran la misma banal e inútil virtud con el catálogo oficial de canciones de los Beatles que, casualmente, son también poco más de doscientas.

Es más, lo podemos mejorar. Porque a nosotros nos bastan dos segundos de audición... pero del corte anterior al tema que debemos adivinar. El resultado de esta competencia es que podemos empezar a cantar la canción que va a venir antes de que empiece.

Esta capacidad de predicción es fruto de haber escuchado los vinilos de los Beatles cientos de veces a lo largo de nuestra vida hasta dejar cual *tabula rasa* los microsurcos de algunos de ellos. Ahora con el *streaming* dedicado en exclusiva a su discografía completa y con un orden de audición intencionadamente aleatorio, mi cerebro se descoloca una y otra vez a causa de la impronta indeleble de aquellas décadas en las que la audición de las canciones de un álbum estaba sujeta al orden impuesto por los vinilos.

Quizás si tuviéramos que poner por escrito el orden de las canciones de un determinado álbum cometeríamos errores. Pero si empezamos a oírlo por la primera canción, nos bastaría el silencioso lapso entre corte y corte para adivinar el siguiente tema, y así, sucesivamente, hasta finalizar el disco. Y es que nuestro cerebro es increíble o al menos así lo cree mi colega, el profesor Josef Rauschecker, del Departamento de Neurociencia de la prestigiosa Georgetown University Medical Center.

Al profesor Rauschecker también le sorprendió esa memoria predictiva del cerebro y, de hecho, en sus interesantes trabajos de investigación sobre actividad cerebral y música, cita *Rubber Soul*, *Revolver* y *White Album* como sus discos favoritos (somos almas gemelas). Sorprendentemente, descubrió que las regiones cerebrales involucradas en esa memoria predictiva entre corte y corte del vinilo no eran las de la escucha, sino las del control motriz. La explicación que ofrece es que, aunque hay áreas del cerebro que se activan con la audición de música, son las del sistema motriz las que establecen un orden, una secuencia de lo que escuchamos. Las mismas que se ponen en marcha cuando aprendemos, por ejemplo, un determinado paso de baile o una coreografía. Es esta la razón por la que nuestro cerebro se revuelve en el cráneo si no se le ofrece «While my Guitar Gently Weeps», después del último ¡haaio! de «The Continuing Story of Bungalow Bill», o solo tenga verdadero sentido para nuestro cerebro escuchar «A Day in the Life» si previamente se le ha ofrecido su dosis de «Sgt. Pepper (reprise)».

Una reflexión similar es la que desarrolla Jordi Corominas en su ensayo *Matemática Beatle: Los enlaces en las canciones de los Beatles.* A pesar de su disuasivo título para los que somos de letras, *Matemática Beatle* es un estupendo ensayo. La hipótesis de partida sostiene algo que siempre nos ha resultado una obviedad para el caso del *Sgt. Pepper:* su unidad conceptual literaria, musical y estética. El insólito reto de la obra, sin embargo, consiste en defender este planteamiento para cada uno de los álbumes de los Beatles posteriores a *Revolver*. Como sugería Gabriel Marcel, la obra musical es una presencia, no un objeto. Y esta presencia solo se manifiesta cuando estamos a la escucha, abiertos a lo que pueda pasar. Y con los Beatles pasan muchas, muchas cosas.

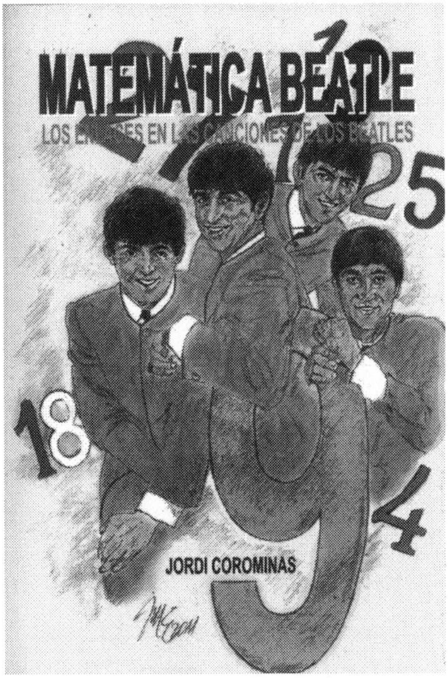

Matemática Beatle de Jordi Corominas.

De hecho, la lectura de *Matemática Beatle* no es para todos los públicos ya que contiene innumerables referencias implícitas que solo lectores muy versados en los 'Fab Four' van a entender. En su línea argumental, este autor apunta la importancia del orden de las canciones para conseguir esa unidad conceptual que va desgranando de forma exhaustiva desde *Revolver* hasta *Abbey Road*, la mejor despedida posible de un grupo en la historia de la música, en palabras de Corominas y en la mente de todos. El libro está prolijamente documentado hasta el punto de que el autor ha recopilado información en las propias localizaciones donde se conocieron, donde se inspiraron, o desde donde los Beatles observaban el mundo. Corominas confiesa que empieza a escuchar a los Beatles en

CD, lo que flagrantemente delata su pertenencia a otra generación de oyentes, pero es sin duda alumno aventajadísimo.

Porque cada década tiene su propia experiencia de acceso a los Beatles. Desde nuestros padres, empeñados en captar las ondas de Radio Luxemburgo para poder escuchar algo de rock, hasta el *streaming*, cada época ofrece al auditor diferentes rituales de escucha. Pero el vinilo...ay, el vinilo. Desenfundarlo. Asentarlo en el eje central del plato. Colocar suavemente el brazo con la aguja sobre el perímetro liso que antecede al primer surco. Y casi nervioso, escuchar a través del altavoz cómo se desliza hasta que estallan las primeras notas de *Help*, por poner el caso, es una experiencia quizás no religiosa pero sí muy especial y netamente diferente a la que procuran los CDs. Mientras escucho un CD, normalmente hago otras cosas: cocinar, planchar, trabajar. Pero cuando escucho un vinilo implica un ritual incompatible con cualquier otra actividad. La industria lo sabe y no deja de reeditarlos Navidad tras Navidad. De todas formas, otro argumento a favor de los acetatos, o al menos así lo sostienen los más expertos auditores, es que los primeros discos de los Beatles fueron concebidos para ser escuchados en vinilo y en aparatos mono, de modo que los ingenieros de EMI invertían la mayor parte de sus recursos técnicos en balancear las mezclas de sonido para este fin. El estéreo era un artículo de lujo disponible en muy pocos hogares, por lo que su edición y masterización no se hacían con el mismo detenimiento.

Por mera cronología demográfica, una inmensa proporción de seguidores de los Beatles en el mundo, entre los que me incluyo, comenzaron a serlo después de su separación. Tengo un vago recuerdo de la noticia, pero en todo caso empecé a escucharlos tiempo después. Aquellas personas que conocieron en activo a la mejor banda de la historia, en virtud de las leyes naturales del tiempo, irán desapareciendo poco a poco hasta que llegue un día, en fin, que todos habrán muerto. Antes de ese inquietante instante, nadie será consciente de que perecerá el último individuo en el planeta de una generación que fue comprando sus álbumes a medida que eran publicados. El último mohicano, el último superviviente del Titanic, en fin, los últimos de Filipinas...siempre hay algo de gloriosa épica en el último individuo de una estirpe que se extingue. La siguiente generación de incondicionales de los Beatles hemos padecido el infortunio de seguir a un grupo pretérito, inexistente. Todo estaba ya publicado. Nada nuevo en el último medio siglo, salvo las rarezas, grabaciones y recopilatorios citados. Ya saben.

Había algo de recompensa adicional con cada álbum adquirido. El iniciático *Beatles for Sale; Help*, el primero que pude comprarme; el *White Album* que me trajeron mis padres de Andorra. El resto los fui comprando poco a poco con misérrimas y nada consolidadas pagas de domingo, lo que hacía más solemne desenfundar el álbum, pincharlo en el plato del tocadiscos y dejarme sorprender. Eran canciones que no se habían escuchado antes en internet. Básicamente, porque internet no había sido inventado.

Y si no se demuestra lo contrario, también acabaremos muriendo todos los integrantes de esta generación del vinilo y los CD, para dejar paso a la nueva generación *streaming*, extendida por todo el planeta a juzgar por los setenta millones de veces que se escucharon canciones de los Beatles en Spotify los tres primeros días.

Es más cómodo, qué duda cabe, pero no hay atisbo de ritual en buscar con un dedo en la *tablet* cualquier canción que me venga a la mente. No hay atisbo hoy, claro. Quizás algún día –cuando mi nieto o nieta solo tenga que pensar una canción para que, mediante sus ondas cerebrales, active los altavoces integrados en las paredes de su habitación– mi hija recordará con nostalgia aquellos días en que tenía que tomarse la molestia de escuchar a los Beatles con su móvil. *Streaming in the night.*

Al menos habrá una cosa que permanecerá inalterable en cada generación, sea cual fuere el ritual de escucha. Me refiero al efecto de la música de los Beatles en nuestras emociones, en nuestras vidas.

El efecto de la música en nuestras emociones

Soy una de esas personas que cree que la música tiene un poder enorme. Son muchos los artistas que también han defendido en diversas ocasiones que la música es un arma muy eficaz para poder cambiar el mundo. Como dijo un poeta de cuyo nombre no puedo acordarme: "Llega más adentro que las balas y no mata a nadie".

Sin duda ese cambio a escala global solo será posible a través de pequeños pasos locales, aparentemente banales. Como esa historia que relata la película *La Misión*, que comienza junto a las cataratas del Iguazú, donde el misionero jesuita, el padre Gabriel (Jeremy Irons), se adentra en la selva llevando consigo únicamente dos enseres: una Biblia y un oboe. En su primer contacto con los indios guaraníes –y para evitar ser flecheado–, entre ambos recursos prefiere recurrir al oboe.

El padre Gabriel tranquilizando a los guaraníes con la música de su oboe.

Y es que la música es única entre todas las artes en el sentido de que puede ser completamente abstracta y profundamente emocional. La experimentas y ya no existe. No tiene la intención de representar nada en concreto como lo puede hacer un cuadro, una escultura o una novela. Pero sí la tiene para expresar sensaciones y sentimientos.

En este nivel, de orden más intrapsíquico, también me apasionan los estudios sobre música y arquitectura cerebral. Existe evidencia empírica que demuestra que los niños que empiezan a tocar un instrumento, comparados con los que no reciben entrenamiento musical, tienen mejores rendimientos en tareas de control fino y un mayor volumen de materia gris tanto en la corteza sensorio-motora como en el lóbulo occipital bilateral. Con esta literatura entre manos es difícil no recordar el llamado 'Efecto Mozart' que, cuando mi hija era solo un embrión, yo sustituí por el 'Efecto McCartney'.

El 'Efecto Mozart', o como quiera que queramos llamar a lo que ocurre cuando usamos la música para estimular a un humano nonato, se basa en un principio que resulta ciertamente sorprendente: La única vía de comunicación con el exterior que tiene un feto es su sentido del oído, ya que el soporte anatómico del resto de los sentidos todavía no está desarrollado. En el quinto mes de gestación empieza a reaccionar a los estímulos sonoros, aunque es lógicamente en los primeros meses de vida cuando se consolidan todas las prestaciones del oído.

El sentido del oído ha tenido una función imprescindible de supervivencia en nuestra especie. Al igual que a otros mamíferos, nos ha servido durante miles de años para cazar y evitar ser cazados. Lo maravillosamente increíble de este sentido es que, en nuestra especie, está ligado a unas competencias que desempeñan una función adicional única en el reino animal. Y es increíble porque desde un punto de vista de supervivencia evolutiva no sirven absolutamente para nada. Su único propósito es la comunicación de emociones y la gratificación cerebral. Nuestra especie podría haber sobrevivido sin estas competencias, pero en ese caso no seríamos seres humanos, seríamos otra cosa. Me refiero, lógicamente, a las competencias musicales.

En este sentido, la música de Mozart siempre se ha considerado especialmente propicia para estimular las conexiones neuronales del bebé y en las tiendas pre-mamá es habitual encontrar CDs de este gigante de la música clásica específicamente dirigidos a nuestra embrionaria audiencia. No obstante, un estudio realizado por la Universidad de Viena sostiene que es falso que potencie la inteligencia, aunque sí existen indicios de que mejora la concentración y estimula algunas áreas del cerebro relacionadas con la creatividad.

¿Inteligencia no, pero concentración y creatividad sí? De acuerdo, también nos vale. Porque si la concentración y la creatividad no son considerados parámetros de la inteligencia, el estudio de la Universidad de Viena no ha definido inteligencia adecuadamente.

Así que cuando mi hija tenía momentos de agitación en el vientre de su madre, yo apoyaba suavemente la caja de mi guitarra acústica en su tripa para tocar una canción de Paul McCartney: «I Will». Canción que resultó ser la relajante nana preferida en los primeros años de vida de la niña. Este bienaventurado recurso lo denominé 'Efecto McCartney'. La elección no fue difícil porque ¿de qué otra forma se puede expresar con solo dos palabras lo que básicamente representa un embrión? Esto es: el FUTURO. «I Will». Además, ¿de qué otra forma se puede expresar con más diáfana simpleza lo que inspira un hijo? «Love you forever and forever, love you with all my heart». Gracias, Paul.

Paul y yo con nuestras respectivas hijas.

Así que con todo este marco teórico, ¿cómo no iba a cumplir mi sueño? Sostenía hace algunas páginas que en contra de toda lógica *Mr. Wonderful*, hay sueños que jamás se harán realidad. Pero otros sí. Sino que se lo pregunten a la familia del niño Miles Scott, aquejado de leucemia, y a quien la ONG Make-a-Wish organizó toda una *performance* transformando la ciudad de San Francisco en la fantástica Gotham, la ciudad de Batman. En el que sin duda fue el mejor día de su vida, Miles, caracterizado de Batkid, acabó atrapando a los malos con la ayuda del mismísimo hombre murciélago. En el barrio madrileño de Lavapiés no estaba Make-a-Wish para convertirlo en *Abbey Road*, pero hice un apaño para grabar en un estudio una *cover* de «I Will». De esta forma, cuando yo no esté, mi hija podrá mostrar a sus hijos el sueño del abuelo. Que, en realidad, no fue solo la maravillosa experiencia de grabar en un estudio y cuyo resultado suplico que sea valorado con la misma condescendencia que la hazaña de Batkid. Cuando yo no esté, y mi hija enseñe a sus hijos el vídeo de 'su nana con Efecto McCartney' habré alcanzado el verdadero sueño del ser humano. La inmortalidad.

Mi humilde versión de "I Will" con la que testé el 'Efecto McCartney'

El círculo

El impenetrable círculo social de los Beatles

En una ocasión me encontraba comiendo con un empresario guipuzcoano en Lanzarote (sería muy accesorio y largo de contar ahora cómo se produjo en el Universo esta convergencia espacio-temporal) cuando, en un momento inicial de la conversación e inmediatamente después de que fuimos presentados, me confesó ingenuamente, «San Juan, San Juan…pues no te conozco», después de pensar en voz alta mi apellido como buscándolo en los archivos de su memoria. Y es que existe una cierta tendencia en las clases sociales muy favorecidas a creer que todos sus integrantes se conocen entre sí debido a que ocupan un espacio poco concurrido en la cúspide de la pirámide socio-económica. Si por alguna inesperada razón caen en la cuenta de que no se conocen, el compadreo y camaradería surgen espontáneamente. No hay más que ver la complicidad en el trato que se dispensan los que comparten clase *business* en los vuelos transoceánicos ante la mirada curiosa de los demás mortales que atravesamos la zona VIP solo para acceder a galeras. En realidad, más o menos conscientemente, todos vivimos dentro del perímetro de un determinado círculo social y nos sentimos cómodos con una de sus cualidades más relevantes: la impermeabilidad. Esta circunstancia hace que interpretemos el mundo de forma algo sesgada, precisamente porque tenemos la falsa creencia de que el mundo siempre va a tender a parecerse a nuestro círculo. Es lo que los psicólogos sociales llaman 'Heurístico del falso consenso'. Tomé conciencia de esta amurallada circularidad cuando el empresario, creyendo que yo formaba parte de su misma élite, me confesó sin acritud ni desabrimiento que no me conocía. Así que, en ese momento, solo se me ocurrió responder una cosa: «Normal que no me conozca: soy de Bilbao.»

De todas formas, también saben los psicólogos que los mecanismos para establecer círculos son en ocasiones extremadamente simples. El otro día iba con la guitarra colgada a la espalda cuando una persona me advirtió de que llevaba abierto el bolsillo de la funda de la guitarra, con grave riesgo de perder mis apuntes tácticos del día. La otra persona también iba con una guitarra a la espalda y para explicar su amable gesto de advertencia me dijo: "Ya sabes, entre guitarristas". Quizás tengamos esa persona y yo muy diferentes puntos de vista con respecto a la política, el veganismo, los toros, e incluso, a juzgar por su edad, puede que le resulten irrelevantes los Beatles, pero en ese momento éramos del mismo equipo por el solo hecho de llevar una guitarra a la espalda. Claro que, para ser del equipo de los Beatles, el asunto se complica un poco más.

Sirvan estas anécdotas para entretenernos en las páginas siguientes en torno a algunas personas del círculo estético y musical de los Beatles. Sobre su círculo social me ocuparé en un próximo volumen dos, y no porque dicho círculo se encuentre muy poblado, más bien al contrario, se trata de un club muy selecto, sino porque merece un análisis, casi psicológico, aparte.

En el caso de sus novias, por poner un caso, puede resultar llamativo el número objetivamente bajo de personas que entran en este círculo sobre todo si lo comparamos con el número potencial de mujeres pro-activamente motivadas para ocupar ese espacio. Y si ese volumen ve la luz, va a tener un capítulo sobresaliendo del resto la entrañable y segura de sí misma Linda Eastman. La fotografía de portada de la revista *Rolling Stone* del 11 de mayo de 1968 era un retrato de Eric Clapton realizado por Linda Eastman que la convirtió en la primera mujer que firmaba en el frontispicio de la famosa publicación. Y es que en la década de los sesenta Linda era una reputada fotógrafa cuyo objetivo capturó la imagen de las estrellas más importantes del momento como Aretha Franklin, Jimi Hendrix, Bob Dylan, Janis Joplin, Simon & Garfunkel, The Who, The Doors, los Grateful Dead, o incluso los mismísimos Rolling Stones. Y buena parte de todo esto ocurrió antes de conocer a Paul McCartney. En 2012, la editorial Taschen publicó un lujoso volumen con la interesante obra fotográfica de Eastman titulado *Linda McCartney; Life in photographs*, que merece mucho la pena.

Eric Clapton en una portada de la revista *Rolling Stone* realizado por Linda Eastman.

Linda Eastman.

Hace ya algún tiempo, en el excelente monográfico sobre los Beatles que tiene editada la versión digital del periódico *El Mundo*, al pinchar en la biografía de Paul McCartney, se aludía a Linda Eastman como la heredera del imperio Kodak. A pesar de la conexión entre el apellido de Linda y su profesión, no alcanzo a entender cómo los redactores del reportaje pudieron dar por válida semejante leyenda urbana. Así que me puse en contacto con el periódico para advertirles de este reincidente error: Linda Eastman era hija de Lee Eastman, de profesión abogado, que nada tenía que ver con George Eastman, fundador de Eastman Kodak Company. De hecho, una de las tensiones que formaron parte del catálogo de explicaciones sobre la separación de los Beatles está relacionada, como veremos, con que Paul quería al padre de Linda como representante de los asuntos de la banda, elección a la que el resto se negó, optando por Allan Klein.Ya tuvieron tiempo de arrepentirse. El caso es que, al día siguiente, el periódico corrigió diligentemente el error, lo cual es de agradecer.

A Linda McCartney, mejor fotógrafa que teclista, le detectaron un cáncer de mama que acabó con su vida el 17 de abril de 1998. En su memoria se publicó el álbum *Let us in Nashville*, compuesto por canciones muy memorables de Paul versionadas por diferentes artistas. Los beneficios están siendo destinados a apoyar la fundación *LET US IN*, creada en honor de Linda para la lucha contra el cáncer.

El análisis del próximo volumen tendría que centrarse, además, en la década de los sesenta, en concreto durante todo el periodo 'Fab Four', por lo que quizás dejemos fuera a amigos de otras épocas como Ivan Vaughan, del que ya hemos hablado, Pete Shotton o Len Garry de los nostálgicos Quarrymen; a Stuart Sutcliffe y Astrid Kirchher de los años de Hamburgo (Klaus Voorman siguió formando parte de las peripecias de los Beatles, más allá de la ciudad alemana, hasta después de la separación).

Centrándome exclusivamente en los años de esa época existen, como estamos viendo, diferentes círculos de personas próximas a John, Paul, George y Ringo: Los 'chicos para todo', desde recados hasta guardaespaldas, como Alf Bicknell o Horst Fascher, y sobre todo el malogrado Mal Evans. El círculo que podríamos llamar de 'la comunicación' con biógrafos y jefes de prensa, como Hunter Davis, Mark Lewishon, Brian Sommerville, o Derek Taylor. El círculo de confianza de los Beatles como empresa, entre los que cabe destacar, además de Brian Epstein, a Alistair Taylor, Allan Klein y, sobre todo, Neil Aspinall que cabría en otro reducidísimo círculo de amigos personales de los Beatles cuando fueron los Beatles, con Bill Harry, Alex Mardas o el citado Klaus Voorman. Lo cierto es que, ¿cómo se puede llegar a ser amigo personal de la banda más famosa del mundo? Geoff Emerick declaraba que los Beatles en el estudio eran muy accesibles cuando te los encontrabas a cada uno por separado, pero cuando estaban los cuatro juntos se revestían de un muro difícilmente franqueable.

Y por último, sobre un pedestal, ya que solo hay dos músicos en el mundo que hayan podido contar que compartieron grabación con los Beatles –sin considerar a los encargados de los arreglos orquestales, todo el patio de recreo formado para grabar «All you Need is Love» y demás músicos colaterales–, habría que mencionar en ese círculo social a Eric Clapton y Billy Preston.

Billy Preston

Billy Preston, que participó en la sesiones de *Let It Be*, manifestó en una entrevista que fue Paul el que le puso más zancadillas e inconvenientes para que pudiera tocar en las sesiones de este álbum, aunque acabó siendo el más entusiasta, porque se benefició netamente de que su «Get Back» tuviera el sorprendente soporte de Billy con su órgano Lowrey. Los Beatles conocieron a Billy Preston en noviembre del año 1962, en el Star Club de Hamburgo, cuando eran los teloneros de Little Richards.

Eric, por su parte, conoció a los Beatles en diciembre de 1964 mientras estaba en The Yardbirds, en uno de los actos de apoyo para *The Beatles Christmas Show* en el Hammersmith Odeon de Londres, y entabló amistad para siempre con George Harrison compartiendo algo más que buenos ratos en el jardín. Cuatro años más tarde, en septiembre de 1968, fue convocado para solucionar –después de catorce tomas– el 'problema' de la guitarra solista de «While my Guitar Gently Weeps». George lo había intentado con diversos enfoques, incluso grabando la guitarra al revés, pero sin éxito. Billy Preston, por su parte, fue requerido para encargarse de los teclados en las sesiones de *Let It Be*. Las dos invitaciones, por obra y gracia de George Harrison, fueron casi una excusa para mejorar el ambiente de trabajo en el estudio cuando la tolerancia de cada uno hacia los demás estaba bajo mínimos.Como es bien sabido, cuando hay invitados, los anfitriones discuten menos entre sí.

Paul McCartney *Let It Be Sessions.*

En honor a la verdad habría que detallar que John Lennon no se encontraba en el estudio en la famosa sesión con Eric Clapton así que, en realidad, Eric nunca grabó con The Beatles al completo. Meses más tarde, durante las sesiones de *Let It Be*, y tras una de las ausencias de Harrison por haberse enfadado con el enésimo ninguneo, John llegó a sugerir sustituirle por Eric Clapton, lo que sin duda hubiera sido un giro muy inesperado del destino, aunque creo que dicha sugerencia, sobre la que se ha especulado innecesariamente, debemos enmarcarla en una de las habituales salidas de tono de Lennon. En todo caso, John sí contó con Clapton para su proyecto en la *Plastic Ono Band* en septiembre de 1969. Ese mismo año George Harrison, acreditado por razones contractuales como L'Angelo Misterioso, participó en el tema «Badge», incluido en el álbum de despedida de Cream, *Goodbye*. En fin, lo cierto es que la relación de los Beatles con Eric Clapton fue larga y estrecha y, sin duda, de una naturaleza diferente a las conexiones de carácter más artístico y musical que es lo que pretendemos establecer ahora en virtud de la teoría de los seis grados. Los círculos sociales, como ya he indicado, serán objeto del próximo volumen.

Las conexiones musicales

En las siguientes líneas vamos a referirnos solo a unos pocos artistas que atesoran alguna relación con el universo *beatle*. Pero es solo un brevísimo muestreo ya que, como he subrayado en otros momentos a lo largo del texto, si todo está relacionado en el universo, ¿cómo no va a tener cada uno de los músicos que han poblado nuestro diminuto planeta alguna conexión con los Beatles?

Obviamente, al hablar de conexiones musicales debemos descartar lo que se conoce en arte como 'Apropiacionismo'. Esta actitud, llamémosla así, responde a un movimiento artístico que, como su propio nombre indica, está basada en el procedimiento de la apropiación. Normalmente, el recurso más frecuente es tomar elementos de una obra con el fin de crear otra nueva y diferente, por eso no debe confundirse con el plagio. El ejemplo que habitualmente me viene a la cabeza son las fotografías y pinturas de los botes de sopa Campbell de Andy Warhol. Pero, de todas formas, y refiriéndonos a los Beatles, el apropiacionismo siempre me ha parecido un vicio perdonable, como esta pose de los magníficos Duncan Dhu, admiradores confesos de los de Liverpool, promocionando uno de sus últimos trabajos:

Duncan Dhu, admiradores confesos de los de Liverpool.

... o esta portada de los Hombres G

Portada de Hombres G "homenajeando" a los Beatles.

Pero estos ejemplos son un homenaje más que una apropiación. Los indiscutibles reyes del *apropiacionismo* son los Rutles. No es una banda tributo de los Beatles en el sentido convencional, ya que su *leitmotiv* (en su primera acepción: Tema musical dominante y recurrente en una composición) es ironizar explícitamente a costa de ellos. No hacen versiones, aunque podemos reconocer los elementos originales de los que se nutren. Sin embargo, no es exactamente plagio. Los Rutles, para definirlos sin rodeos, son un grupo de simpáticos burlones que no dejan lugar a dudas sobre quiénes están detrás del invento: Los Monty Python. Grandes colegas, como saben ustedes, de nuestro querido George Harrison. Su recopilatorio *The Rutles Archaeology* o su web oficial *Tragical History Tour* (http://www.rutles.org/), nos puede ofrecer una idea de a qué fenómeno nos estamos enfrentando. Todos los temas de los Rutles fueron compuestos por Neil Innes parodiando el material original de los 'Fab Four' con resultados en ocasiones realmente interesantes. Como era de esperar, Innes fue demandado por plagio, aunque dicha demanda no acabó teniendo ninguna repercusión penal en su contra después de que declarara bajo juramento que "no había escuchado las canciones de los Beatles del todo". Una salida, como se puede apreciar, muy Monty Python. Para muestra: «Hold my Hand»:

Apropiacionismo beatle en el tema de Los Rutles «Hold my Hand»

Pero aún hay más. Si en lo que concierne a los Beatles, los Rutles son los reyes de un apropiacionismo que raya la parodia, también son dignos de mención y estudio la banda Utopia como reyes del apropiacionismo más serio. Es ab-so-lu-ta-men-te imprescindible que reparen en su álbum *Deface the Music* al que, personalmente, como seguidor de los Beatles, considero de culto. Utopia es un grupo liderado por Todd Rundgren y el álbum fue explícitamente concebido para rendir homenaje a los Beatles. El conjunto de temas de este álbum repasa sin complejos todas las etapas del cuarteto de Liverpool hasta el punto de que son reconocibles las fuentes en las que se basa cada canción, pero con un resultado diferente. Es decir, apropiacionismo de manual.

Así, desde «I Just Want to Touch You» basada en «Please Please Me», hasta «Everybody Else Is Wrong», hija legítima de «I Am the Walrus», un seguidor de los Beatles puede pasar un rato muy entretenido.

I Just Want to Touch You

Everybody Else Is Wrong

La que sí pudo considerarse hija ilegítima fue precisamente la canción «I Just Want to Touch You». Este tema fue escrito por Rundgren para la banda sonora de la película *Roadie*, dirigida por Alan Rudolph en 1980, sobre un conductor de camión que se convierte en un *roadie* para un espectáculo itinerante de rock and roll, aunque finalmente esta opción fue rechazada por los productores de la película por temor a una acción legal en contra por plagio. No había nadie para explicarles la diferencia con el apropiacionismo, que casi siempre es inimputable ya que, al contrario del plagio, hay un reconocimiento explícito de la fuente artística original.

Y es que, en realidad la opción del apropiacionismo quizás sea mejor que la de versionar a los Beatles conociendo los tan lamentables resultados que en ocasiones hemos escuchado. Yo, y disculpen la alusión personal, los versiono todas las noches. Y con mi hermano, todos los años por Navidad. La diferencia estriba en que no siempre es un ejercicio de intimidad, como es nuestro caso, sino que hay quien lo graba, lo publica y pretende una compensación económica por ello. Como estamos hablando de miles de versiones, solo me referiré a algunos destrozos ya que, en realidad, hay grandes y muy buenos grupos tributo siendo obviamente el escenario en directo su hábitat natural (en España se cuentan por decenas: Los Escarabajos, Los Blisters, Psicoacustic, Beatles Connection, Golden Slumbers, Las Funkles, Beat Beat Yeah, Rubbersouls, Flaming Shakers, etcétera, etcétera). Los primeros ejemplos que me vienen a la mente en el capítulo de "versiones para olvidar" son diametralmente opuestos entre sí estética y temporalmente, pero comparables en lo que concierne a sus nefastos resultados. Debo confesar que me resultó traumática la versión de «Yesterday» de mi admirado Plácido Domingo en un disco de vinilo que todavía ignoro quién introdujo en casa. Los controles no funcionaron. O, más recientemente, Justin Bieber interpretando supuestamente «Let It Be» con Carlos Santana a la guitarra. Extravagante, ¿no? Parece el relato de uno de esos sueños absurdos. Pero no, está grabado.

También debe evitarse cualquier audición de la Royal Philharmonic Orchestra interpretando a los Beatles, que inevitablemente te encuentras en la sala de espera de una consulta odontológica, por lo que la expectativa de la sonda periodontal acaba convirtiéndose en un refugio sonoro.

No consideraría a Los Manolos en estas líneas, ya que el *lailo, lailo* es un concepto tan alejado del "All my loving" original que no tengo la sensación de estar realmente escuchando lo que entendemos por una versión. Es otra cosa. Desde esta perspectiva condescendiente, también puede resultar divertido el «Help» de Bananarama.

En fin, es evidente que esta recopilación de lamentables ejemplos tiende al infinito. Como su polo opuesto que –no podría ser de otra forma– debe empezar por Joe Cocker. La primera vez que escuché a este cantante de color (de color blanco, pero voz negra) su «With a Little Help from my Friends» fue en la película del concierto del Festival de Woodstock, siendo yo adolescente. La impronta de su estilo ha calado tan hondo en este tema que hoy día se pueden escuchar interpretaciones de algunos artistas versionando a Joe Cocker versionando a los Beatles, como sucedió en un concierto de Billy Joel en el Madison Square Garden donde le rindió tributo al cantante de Sheffield.

Joe Cocker en Woodstock.

No fue en Woodstock la primera vez que Joe Cocker versionaba a los Beatles: Ya lo había hecho con «I'll Cry Instead». Ni fue en Woodstock la última, ya que después vendría «She Came in through the Bathroom Window», «Something», «Let It Be»... En realidad no creo que haya habido alguna ocasión en la que en un concierto de Joe Cocker, éste no haya cantado alguna canción de los Beatles.

Versión de Joe Cocker de «Something»

Versión de Joe Cocker de «She Came in through the Bathroom Window»

Realmente, lo que creo es que Cocker convertía en oro todo lo que tocaba con su faringe como podemos comprobar en *Heart and Soul*, un álbum de versiones de clásicos del soul, blues y rock.

A mi juicio, también es muy recomendable el álbum *All We Are Saying* del guitarrista estadounidense Bill Frisell dedicado integramente a composiciones del John Lennon *beatle y* post *beatle*. Frisell es un músico ecléctico que metaboliza una gran variedad de estilos desde lo que podríamos denominar un jazz 'centrípeto'.

Como el álbum que grabaron en 1972 Peter Roar y Lucky Guri, titulado *We Are Digging The Beatles*. Probablemente se trata de un disco pionero en la estela de las versiones. Lamentablemente, tuvo poco recorrido ya que fue inmediatamente descatalogado debido a problemas de derechos de autor. Por fortuna ha sido reeditado y vale decir, para que nos hagamos una idea del nivel, que les acompañan Carles Benavent (bajo), Max Sunyer (guitarra) y Salvador Font (batería).

Llegados a este punto, siendo conscientes que no eran objeto de nuestra atención ni las versiones ni las apropiaciones, y ya casi sin espacio, juguemos a identificar siquiera un trébol de cuatro hojas con las conexiones prometidas, que –para rizar el divertimento– irán encadenadas. La cuestión que se plantea es ¿Qué conexión existe entre Queen o David Bowie y los Beatles? De acuerdo, muy fácil. Pero ¿y en el caso del grupo de rock progresivo Yes? ¿O en el caso de Jeff Buckley?

Cabe decir que, en ocasiones, dichas conexiones vienen en forma de caprichosos bucles del destino. Geoff Emerick, previendo muy acertadamente el irrespirable ambiente en que se iba a convertir la grabación del *White Album*, decidió no seguir trabajando con ellos y darse un respiro. Uno de los trabajos para los que fue llamado durante el respiro, y sin salir de Abbey Road (así que se cruzaría con los chicos por los pasillos) consistió en la producción del inadvertido pero extraordinario álbum *Tomorrow*, único vinilo del grupo del mismo nombre promovido por el británico Keith West. El guitarra de este grupo era Steve Howe, un monstruo de las seis cuerdas que más tarde pasó por la banda de rock progresivo Yes y posteriormente por Asia. Supongo que Emerick esbozó una ligera sonrisa entre resignada e irónica cuando los de *Tomorrow* le propusieron grabar una versión de «Strawberry Fields Forever». Imposible desconectar de ellos.

Versión de «Strawberry Fields Forever» a cargo de Tomorrow y Geoff Emerick

Como también sería imposible hoy en día encontrar un programa de televisión como fue *El mundo de la música*, presentado por Enrique García Asensio en Televisión Española en la década de los setenta. Cuando caigo en la cuenta de que en el horario en que yo veía este programa se emite hoy *Sálvame*, pienso que sería una forma rápida de explicar a un marciano cómo ha evolucionado el mundo de la cultura. En esa lista de programas que hoy serían imposibles no debe faltar el mítico *Pop-grama: revista de Rock & Rollo*, en el que debutaron periodistas como Moncho Alpuente, Carlos Tena o Àngel Casas. Este último, nos dio a conocer a finales de los setenta un grupo todavía desconocido en España que presentó como "los nuevos Beatles". Se trataba de *Queen*. Yo devoré la discografía disponible hasta la fecha y descubrí lo que en ese momento me pareció otro de los mejores grupos de la historia, con trabajos descomunales como *A Night at the Opera*, *A Day at the Races*, *Sheer Heart Attack*, *News of the World* o *Jazz*. Tenían una excelente base de bajo y batería, aunque destacaría que lo que conseguía Brian May con la guitarra solo podía explicarse desde su carrera universitaria: la Astrofísica.

Portada de un disco chino de Queen que llevó la conexión con los Beatles demasiado lejos...o viceversa.

El descubrimiento fue muy alentador en una época marcada por la búsqueda de una compensación a una década sin los Beatles. Sin embargo, debo confesar que conozco personas seguidoras de Queen a las que les aburren los Beatles, y viceversa, seguidores de los Beatles que no soportan a Queen. Misterios de la percepción estética, considerando que es evidente que temas como «Because» (*Abbey Road*) se encuentran entre los nutrientes más identificables de los que se alimentó Queen. Y hablando de reinas...

...Otro de los asiduos de *Pop-grama* era el camaleónico David Bowie. Para resolver la conexión de este inmenso artista con los Beatles, en realidad lo mejor hubiera sido hacer una visita a la exposición de la National Portrait Gallery que llevaba por título *Beatles to Bowie, the 60s exposed.*

BEATLES TO the *60s* exposed BOWIE

15 October 2009
—24 January 2010

Si se la perdió, recordemos una fecha: el 23 de febrero. No, la del golpe de Estado no. El 23 de febrero de 1974. En una fiesta del fotógrafo Terry O'Neill en Los Angeles a la que acuden John Lennon y May Pang (de la que ya hablaremos en otro momento), Elizabeth Taylor les presenta a David Bowie en su época *Thin white duke*. A mí, personalmente, el cuadro singularmente surrealista en el que visualizo a Elizabeth Taylor haciendo las presentaciones entre Bowie y Lennon es otro misterio de convergencia espacio-temporal del universo. Pero sigamos.

Elizabeth Taylor y David Bowie fotografiados por Terry O'Neill.

Con estos antecedentes, en los que hubo mutua atracción, el 16 de enero de 1975 Bowie se pone en contacto con Lennon para pedirle que intervenga en su versión de «Across the Universe» que aparecerá en su álbum *Young Americans*. A mi juicio, una de las mejores versiones de un tema de los Beatles jamás grabada. John accede y toca la guitarra junto con Carlos Alomar, un gran músico y guitarrista puertorriqueño y habitual en los trabajos de Bowie. La química entre los tres era evidente y, en el mismo estudio, componen *Fame* que llegaría a ser Número 1 en Estados Unidos. Este tema tiene el valor histórico añadido de que se trata de la última colaboración que realiza John Lennon para otro intérprete en un sencillo. Desde mi personal punto de vista, David Bowie es autor de alguno de los mejores álbumes de la historia del pop. También de algunos de los peores. Pero entre aquellos, me gustaría destacar los sublimes

Ziggy Sturdust y *Hunky Dory*. Este último álbum fue producido por Ken Scott, ingeniero de sonido en muchos temas de los Beatles en el periodo del *White Album*, cuando Geoff Emerick estaba tomándose un respiro. Y, en fin, si nada de esto hubiera existido, Bowie recuerda melancólico a Lennon en uno de sus temas, «Life on Mars»:

It's on America's tortured brow

That Mickey Mouse has grown up a cow

Now the workers have struck for fame

'Cause Lennon's on sale again...

Y hablando de citas melancólicas...

"El sueño está bien. La muerte es mejor. Pero lo mejor de todo sería no haber nacido."

La cita no es de ningún famoso letrista, sino el lánguido suspiro de aquel "compañero de pupitre" del colegio que me propuso *A Hard Day's Night* como el mejor disco de los Beatles. Una triste sentencia que forma parte de una historia triste. Se trata del relato real que nos cuenta mi buen amigo, y también compañero del colegio, Gabriel Villota en su novela *Destellos en el agua*. Las conmovedoras pinceladas con las que dibuja a nuestro común compañero de clase, un guitarrista excepcional para la edad que teníamos en los setenta, están entrelazadas con las biografías de Tim y Jeff Buckley. Todos ellos parecían estar ausentándose de sus mundos, como huyendo de algo, de alguien, quizás de sí mismos, hasta encontrar en la autolisis una especie de liberación. Tim Buckley (1947-1975) fue un músico estadounidense de rock vanguardista extraordinariamente ecléctico y con una gran voz. Murió de una sobredosis de heroína y alcohol. En junio de 1967 grabó su segundo álbum, *Goodbye and Hello*, para el que fue fotografiado en Central Park por Linda Eastman, mientras casualmente, en el mismo año, el futuro marido de la fotógrafa publicaba «Hello, Goodbye». Uno de los seguidores de Tim Buckley era el mismísimo George Harrison, quien ese año de 1967 se lo recomendó vivamente a Brian Epstein. Lamentablemente, Brian, como es sabido, perdería la vida poco después por una sobredosis de somníferos. Parece que pasaron muchas cosas en 1967.

Tim Buckley e hijo Jeff Buckley.

Tim tuvo un hijo con Mary Guibert (una mujer gran amante de los Beatles) llamado Jeff. Jeff Buckley (1966-1997) heredó las portentosas aptitudes de su padre exhibiendo en sus interpretaciones un impresionante registro vocal. Su talento musical se hace patente en el álbum de culto *Grace* (1994), una obra maestra que siempre ha recibido elogios de Paul McCartney, entre otras grandes figuras. Su versión del «Hallelujah» de Leonard Cohen sea probablemente lo más conocido de este músico de voz apabullante y gran talento como guitarrista. Jeff Buckley se lanzó vestido y cantando al río Wolf (Memphis) un canal del Mississippi, donde se ahogó en una especie de bautismo iniciático que, paradójicamente, le llevó a la muerte. Parece inevitable que su leyenda incorpore especulaciones sobre la posibilidad de que su intención fuera realmente quitarse la vida. Mi compañero de pupitre la perdió tras una ingesta masiva de su propio antidepresivo. Otra paradoja cruel e irónica.

Los Beatles como instrumentistas y cantantes

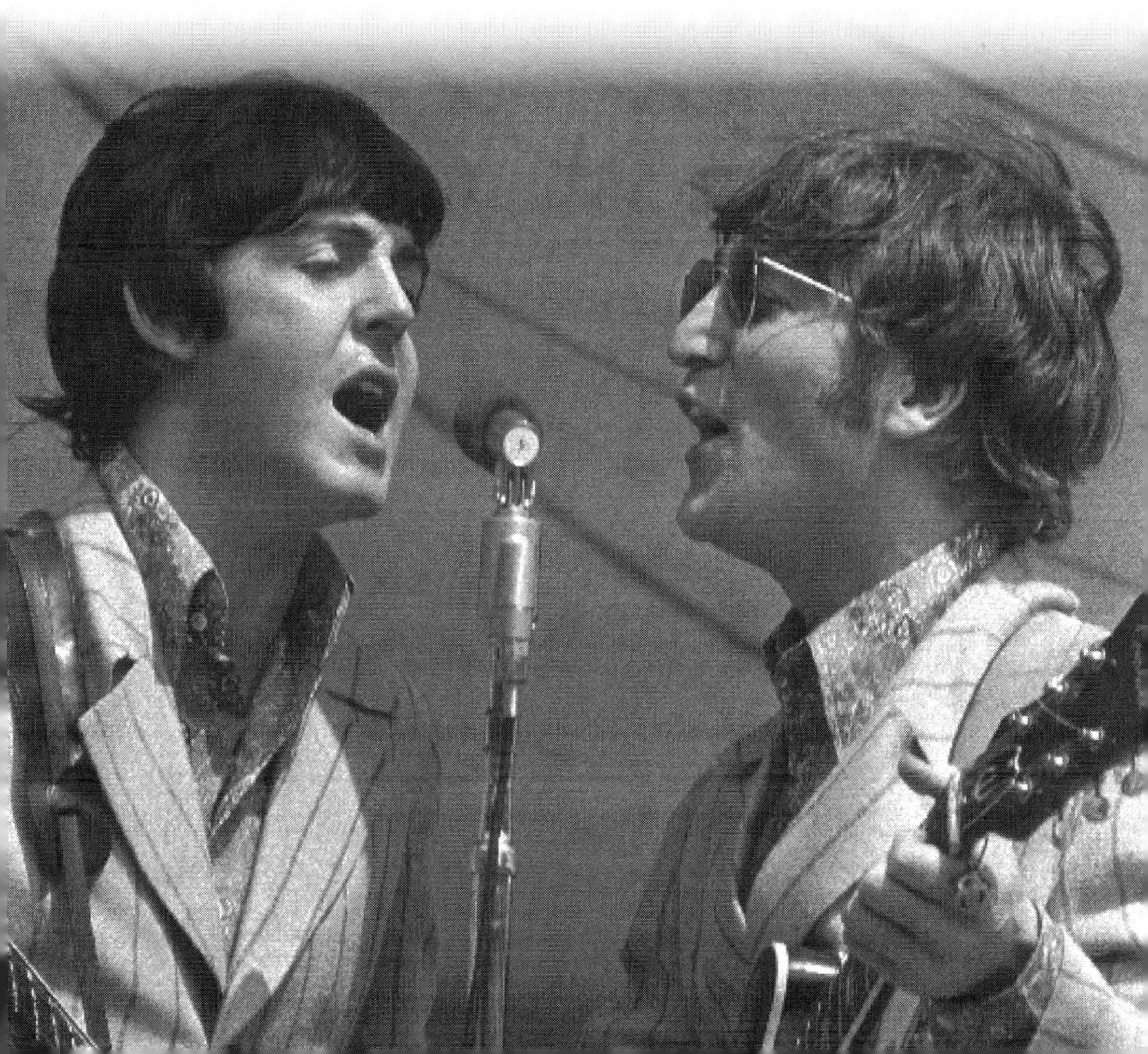

Cuándo una banda de rock es realmente buena

Desde mi punto de vista podemos identificar una serie de parámetros "subjetivamente objetivables" para valorar las bondades de una banda de rock. Los elementos principales estarían relacionados con las competencias para componer melodías, las habilidades como instrumentistas y, finalmente, un timbre interesante con un rango de voz generoso. Muy probablemente en ese orden, siendo el tercer parámetro incluso prescindible para muchos críticos. No se podría decir, por ejemplo, que Mark Knopfler "cante mal" y sin embargo tiene un rango de voz homeopático. Susurra muy bien, digámoslo así.

Pero claro, no estamos hablando de un músico en solitario, sino de una banda. De modo que, siguiendo esta lógica, deberá añadirse a estos indicadores de evaluación, la sinergia creativa y la adecuada compactación de instrumentos y voces. Lo que da como resultado seis parámetros claramente diferenciados tal y como he pretendido representar en la figura adjunta y que, en todo caso, obvia provisionalmente una aproximación cuantitativa acerca del número de miembros en el seno del grupo que son capaces de componer y/o cantar, lo que añadiría un tercer eje a su potencial artístico.

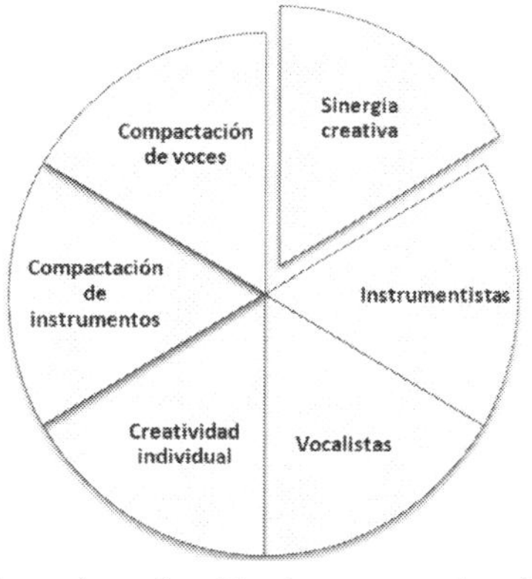

Indicadores de evaluación de una superbanda de rock&roll
(Elaboración propia)

En el caso de los Beatles la base rítmica proporcionada por Paul y Ringo me parece de élite, y «Rain» es un paradigmático ejemplo entre decenas del empaste perfecto entre bajo y batería. Pero donde los Beatles sobresalieron por encima de todos los demás grupos fue, sin duda, en la sinergia creativa Lennon & McCartney, que poco tiene que ver, claro está, con lo que podríamos denominar "el lío de las firmas".

Antes incluso de ser The Beatles, John Lennon y Paul McCartney acordaron firmar todas sus canciones como Lennon-McCartney independientemente de si el resultado final era fruto del trabajo de ambos o solo de uno de los dos. Todo empezó como un sueño al tratar de emular la famosa pareja formada por el letrista Jerry Leiber y el compositor Mike Stoller, que en los cincuenta inventaron algunos de los temas más memorables de la incipiente música rock. Precisamente uno de los primeros éxitos Leiber/Stoller fue «Kansas City» que los de Liverpool versionan en *Beatles for Sale* en un *medley* junto al tema «Hey, Hey, Hey» de Little Richard. También son autores del extraordinario «Stand by me», uno de los temas favoritos de John Lennon.

Cuando todo acabó, John y Paul echaron la vista atrás y, como en muchos divorcios, parece que no llegaron a un acuerdo sobre la autoría de algunos temas como «In my Life», «Eleanor Rigby» o «Ticket to Ride».

Es un asunto que a mí, a estas alturas, me trae sin cuidado, pero para más información sobre la contribución de cada *beatle* a la lista de temas es interesantísimo el gráfico *Los Beatles: Autorías y colaboraciones*, basado en el minucioso libro *Beatlesongs* escrito por William J. Dowlding:

Los Beatles: Autorías y colaboraciones

En fin, los problemas siguieron. Cuando Paul McCartney publicó el álbum de su gira *Wings over America* en 1976, las cinco canciones de la época *beatle* que se incluían en el disco venían firmadas como McCartney-Lennon, a lo que Yoko Ono protestó enérgicamente cuando, paradójicamente, la persona involucrada, Lennon, no manifestó ninguna objeción. Una nueva disputa entre Paul y Yoko volvió a surgir en 1990 cuando Paul reclamó que «Yesterday» fuera acreditada como McCartney/Lennon, algo a lo que la japonesa también se negó. Parece que Yoko Ono es muy especial con esta cuestión, considerando que recientemente ha conseguido que la letra de «Imagine» esté acreditada con su firma como co-autora.

Paul y John fueron dos excepcionales compositores por separado, pero si tuviéramos que hacer un ránking de las diez mejores canciones de todos los tiempos compuestas en pareja –y no me refiero únicamente a aquellas en las que un miembro está dedicado en exclusiva a la letra y el otro a la música, sino compuestas realmente en total colaboración–, atención miembros del jurado, ¿cuántas de ese decálogo estarían firmadas por Lennon & McCartney? La defensa no tiene más preguntas. Bueno sí. ¿Y que, además de componer extraordinarias melodías, canten fabulosamente?

Armonías vocales en los Beatles: *Gloria in excelsis*

Quizás una de las cosas que más sorprenda al escuchar por primera vez a los Beatles, desde «This Boy» hasta «Because», por citar dos ejemplos cronológicamente distantes, son sus preciosistas armonías vocales. Ya indiqué al principio de este volumen que el primer destello que perdurará como una de las señas de identidad de este grupo serán sus armonías vocales bajo la indiscutible influencia de los Everly Brothers.

La compactación de voces de Paul, John y George era extraordinaria.

Las hay con una solidez y fuerza que no pueden dejar indiferente a nadie. La entrada de «Help», por ejemplo, es arrolladora. También encontramos algunas con ese estilo característico Lennon-McCartney con dibujos tan sugerentes como los conseguidos en «If I Fell» o en «I'll Follow the Sun». El concurso de Paul, John y George nos regala arreglos vocales difícilmente superables, como en el caso de «Nowhere Man», «Sun King», «Here, There and Everywhere» y tantas otras. Lo que podemos observar, en fin, es que a medida que iba creciendo la carrera de los Beatles, junto con su evolución musical también fueron sofisticando las técnicas de dueto inspiradas en Carl y Jay Perkins, además de los citados Everly Brothers. Como nos recuerda Walter Everett, normalmente Lennon cantaba la línea principal y McCartney el contrapunto de arriba. Ocasionalmente cantaban en octavas para lograr una mayor expresividad, como es en el caso de «Tell me What You See». Otras veces, trabajaban en terceras o sextas paralelas siendo también una característica muy Lennon-McCartney empezar al únísono y separarse para enfatizar la última parte de cada estrofa. El ensamblaje de las tres voces (Lennon, McCartney, Harrison) tan soberbio, no oculta la inspiración de los Crickets (el grupo soporte de Buddy Holly) u otros grupos de la Motown, alcanzando combinaciones perfectas como es el caso de la citada «This Boy».

Lo cierto es que para los que carecemos de oído absoluto (a veces incluso el relativo también es deficitario) es extremadamente difícil separar las líneas melódicas de estos arreglos. Para intentar superar esta dificultad son muy recomendables los tutoriales de Galeazzo Frudua. Galeazzo es un excelente *lutier* italiano, músico y un gran especialista en los Beatles. Sus vídeos didácticos sobre la estructura de las armonías vocales de las canciones de los Beatles son impagables. Sirva como ejemplo el vídeo en el que nos enseña el tutorial de la citada «If I Fell». A partir de aquí podéis navegar por el resto de sus propuestas. Su colega tampoco tiene desperdicio.

Tutorial voces «If I Fell»
por Galeazzo Frudua

Dicho esto debo confesar que siento especial predilección por la garganta de Paul McCartney. Creo con sinceridad que es un prodigio anatómico. Atendiendo a los parámetros que he detallado para evaluar una banda, cabe decir que Paul McCartney está extraordinariamente dotado como compositor, como instrumentista (piano, guitarra, bajo, batería…) y como cantante. Son tres competencias cuya convergencia en un solo individuo resulta muy anormal desde un punto de vista probabilístico. Paul alcanza altas cotas de virtuosismo en las tres. Si a esto añadimos que este individuo nace en la misma época, en la misma ciudad y en el mismo barrio que el mejor compositor de música popular del siglo XX, y tienen un amigo en común que los presenta, es señal inequívoca, como ya anuncié en la introducción de este volumen, de que un ente que trasciende a nuestro entendimiento, dotado de conciencia, ha querido por alguna razón, hacer un regalo a la humanidad.

Refiriéndonos a las competencias vocales del cuarteto de Liverpool, es preciso subrayar que Paul, como solista, tenía unos registros mucho más amplios que John Lennon y, obviamente, que George Harrison. Ringo cantaba, sí, de hecho no lo hace mal, pero siempre se mueve en un muy limitado rango (el rango de Ringo), salvo contadas excepciones como la peculiar «Good Night» con la que cierra el *White Album*, en la que nos sorprende con una inédita y aterciopelada voz algo por debajo de su tono habitual.

Paul, por su parte, podía llegar con gran nitidez a una voz soprano en canciones como «Hello Goodbye» y sumergirse en notas más graves como en «Golden Slumbers». Exhibe una potencia difícilmente igualable cuando tiene que subir en frases como "I didn't know what I would find THERE" en «Got to Get You into my Life», lo que convierte a esta canción, y otras muchas canciones de similar naturaleza, en fuente de frustración para todo aquel que quiera versionarla en el mismo tono. Puede desgarrar su garganta con total comodidad en temas memorables como «Helter Skelter», «Why don´t We Do It in the Road» o «Birthday» (las tres del Disco Blanco) o en la impracticable «Oh! Darling». Pero lo que siempre me ha llamado la atención es el recurso vocal que inventa para «Get Back», que hasta entonces no había explotado, ni vuelve a utilizar que yo recuerde en el resto de su carrera. Ese agudo impostado que tiñe todo el tema de una peculiar pátina es un alarde al que, curiosamente, no necesita recurrir en ningún otro tema posterior. Lógicamente estamos hablando de otra época.

Paul ha conservado durante mucho tiempo buena parte de sus aptitudes como cantante, pero ahora tiene más de 70 años y debe recurrir a diversas técnicas para resolver las canciones. Incluso hay algunos temas de los citados que, obviamente, ya no puede hacer en directo. Pero ese es un camino, el de la decrepitud física, que con mayor o menor fortuna atravesaremos todos. De él nos queda, además de su infinita motivación para seguir en los escenarios, algunos temas en los que, como el caso de «I´ve Got a Feeling», nunca se aplacan sus gritos. Como ocurre con Carlos Gardel, también de él queremos decir: Paul cada día canta mejor.

El material

Esta es una sección especialmente dedicada a los lectores guitarristas. En caso contrario hay que ser un poco friki de los Beatles (en su tercera acepción de la RAE: "Persona que practica desmesurada y obsesivamente una afición") para no considerarla prescindible. En todo caso como el *target* de este libro (así lo llaman los publicistas, pero no está en el diccionario de la RAE) incluye a este último grupo no puedo por menos que detenerme en algunas de las guitarras de los Beatles. Lógicamente son innumerables las guitarras y demás instrumentos usados por la banda, así que me dentendré en mis personales objetos de deseo. Hay personas a las que les gustaría tener la sensación de, no sé, conducir un Maserati o pilotar un fueraborda. Bueno, a mí también me gustaría, es innegable. Pero en mis pasiones queda mucho espacio para detallar las guitarras que, al que firma, le gustaría acariciar y tocar. *Play* en inglés, como jugar. Porque al fin y al cabo, esto es para divertirse.

El primer objeto de deseo, como decía el doctor Hannibal Lecter, es "lo que tenemos cerca". Por cierto, a propósito de frases míticas de *El silencio de los corderos*, *quid pro quo* está mal usado como "reciprocidad" por Lecter ya que en realidad esta expresión latina hace referencia a las confusiones gramaticales. La correcta expresión para reciprocidad hubiera sido *do ut des*, "doy para que me des". El bucle genial es que usar *quid pro quo* como sinónimo de reciprocidad es un *quid pro quo*.

Pero vayamos a lo nuestro. "Deseamos lo que tenemos cerca." Bueno todo lo cerca que podemos estar de una subasta en la que jamás tendremos la posibilidad de pujar. Pero ¿cómo no desear las guitarras de los Beatles subastadas, como aquella belleza del 67 que fue usada por George Harrison y John Lennon?

Guitarra Vox Kensington fabricada por encargo de John Lennon.

Se trata de una Vox que en todos los medios de comunicación vi anunciada como la que usa John en la grabación del vídeo «Hello, Goodbye». Sin embargo, lo que John sostiene realmente en ese vídeo es una guitarra acústica, no una eléctrica, y mucho menos la Vox en cuestión. Pero a quién le importa este pequeño detalle; seguro que pasó por sus manos en algún momento. En todo caso, creo que en sus inicios los dos instrumentos más importantes de John Lennon fueron la Rickenbacker Capri y la acústica Gibson Jumbo.

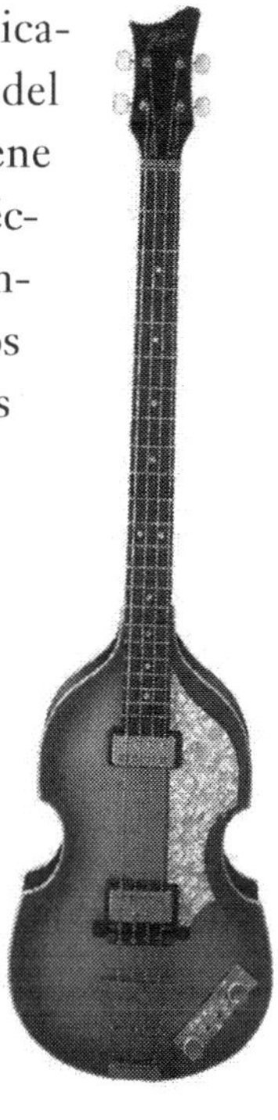

Höfner 500/1 asociado para siempre a Paul McCartney.

Recientemente también apareció la noticia de que Paul McCartney donó su bajo Höfner 500/1. Obviamente, no era su bajo, sino alguno de sus múltiples Höfner. Pero, eso sí, era de Paul. El Höfner 500/1 de 1963 es un bajo alemán más ligero y fácil de tocar que el modelo al que imita, el EB-1 de Gibson (1953) de caja maciza (mal negocio para Gibson). En todo caso, muy probablemente hubiera pasado sin pena ni gloria por la historia de la música pop si no fuera porque era el bajo que tenía Stuart Sutcliffe y que, probablemente por inercia, asume Paul McCartney tras la muerte de aquél. Esta es la razón fundamental por la que ahora este bajo eléctrico, ampliamente superado por otras marcas, resulta tan caro. Incluso sin haber pertenecido a Paul.

Como es sabido, ya en *Revolver*, McCartney se pasa al bajo Rickenbacker 4001 usando el Höfner solo para vídeos, fotos promocionales y grabaciones esporádicas, como es el caso del tema «My Brave Face» en el que tocó el Höfner por explícita petición de su amigo Elvis Costello, que tendría el día nostálgico.

Pero hay más cambios en *Revolver*. John Lennon cuelga su Rickenbacker 325 para pasarse a la elegante Epiphone Casino; guitarra que ya se había comprado Paul para hacer algunas intervenciones, como el solo de «Ticket to Ride».

John Lennon en el concierto de la azotea con su Epiphone Casino.

Más difícil es que veamos el rastro en alguna subasta de la Gretsch Duo Jet del 57 con la que identificamos la imagen de George Harrison. Una belleza a la que nada envidia mi fabulosa Gretsch Country Classic modelo 1964, que adquirí gracias a mi primo Eneko. Una guitarra hermana de otra muy usada por George, la Gretsch 6122 Country Gentleman.

Mi fabulosa Gretsch Country Classic modelo 1962.

Además de las Gretsch, hay otras dos joyas de Harrison difíciles de olvidar. Se trata, por un lado, de la Rickenbaker 360/12, una guitarra eléctrica de doce cuerdas... ¡quién pudiera tocar este maravilloso ingenio! Como ya es sabido, en uno de los viajes de los Beatles a Nueva York para actuar en el show de Ed Sullivan, George Harrison cayó enfermo, así que se quedó en su cama de la habitación del Plaza Hotel mientras el resto del grupo paseaba por Manhattan hasta llegar al Savoy Hilton Hotel, donde el presidente de la fábrica de las guitarras Rickenbacker había organizado una exposición de su nueva colección, entre las que figuraba la 360/12. John Lennon, el sarcástico, el de las salidas de tono incisivas, el de ánimo imprevisible, se acordó sin embargo de su amigo enfermo y se la llevó ilusionado al hotel. El primer estreno de esta maravilla fue para «I should Have Known Better», «I Call your Name» y «A Hard Day's Night» cuyo acorde incial no podría conseguirse con otra guitarra diferente a la 360/12.

Bueno, a decir verdad, no fue solo obra de la 360/12. Realmente, durante décadas, el acorde disonante inicial de «A Hard Day's Night», quizás el más famoso de la historia del rock, por encima del Mi mayor final de «A Day in the Life», ha sido objeto del más ferreo ejercicio de protección de su fórmula, solo comparable al secretismo que siempre ha envuelto la enigmática formulación de la Coca Cola. De hecho, ha habido insignes matemáticos y físicos de la acústica, y no es broma, dedicando sus esfuerzos a descodificar los ingredientes de este acorde en un ejercicio de lo que podríamos llamar musicología forense. Jason Brown, profesor del departamento de Matemáticas de la Universidad de Dalhousie aplicó la denominada 'Transformación de Fourier' consistente en tomar la representación de la onda de un sonido y analizar su espectro. El objetivo era desglosar el acorde y averiguar si había más instrumentos involucrados, además de la Rickenbacker de George. Kevin Houston, también matemático, siguió la misma estrategia pero asistido con un *software*. Cada uno de los científicos propuso sus teorías, aunque en realidad creo que hubiera sido más fácil preguntárselo a Giles Martin, hijo de George Martin, y ángel custodio de las cintas *masters* de todas las pistas de las grabaciones de los Beatles. ¿Hay mayor tesoro, después de la colección de guitarras de Dhani Harrison? La respuesta al acorde misterioso no parecía simple, pero así la revela Giles:

- Paul toca una nota D con el bajo.
- John hace un acorde Dsus4.
- Y para completarlo, efectivamente, George rasguea con su Rickenbacker un Fadd9 de toda la vida de Dios. Este acorde en su versión 5/8-2/10 (primera cifra, cuerda/ segunda cifra, traste) nos lo volveremos encontrar en el inicio del puente de «Blackbird» ("Blackbird fly, blackbird fly...")

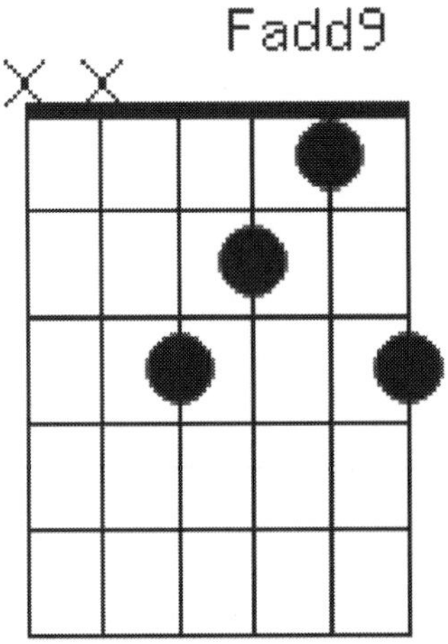

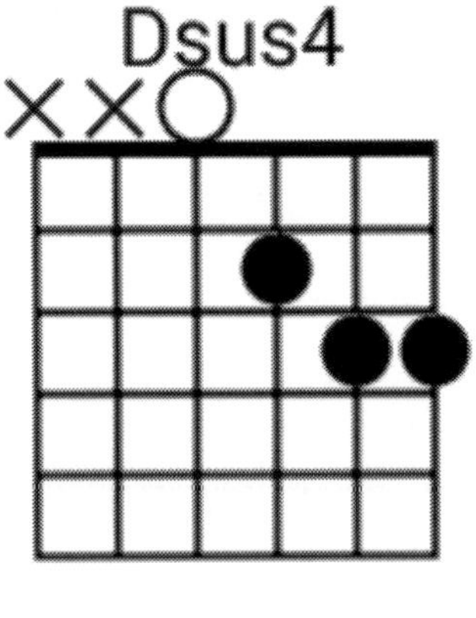

Claro que también puede ser que todo esto me lo esté inventando y que realmente Jason Brown y Kevin Houston sean personajes ficticios y mi única intención sea alimentar el misterio que envuelve a este intrincado acorde con el único fin de alimentar las especulaciones. En realidad no tendrían fin ya que existe una razón para que ninguno de los 'Fab Four' lo llegara a confesar nunca: A las pocas semanas de grabarlo, ya no se acordaban de lo que hicieron.

La segunda joya de George Harrison a la que me refería es la guitarra española clásica Ramírez que le oímos puntear en «And I Love her». Esta guitarra se la regaló Klaus Voorman, amigo como ya hemos dicho desde la época de Hamburgo y, como genial dibujante, autor de la premiada portada del álbum *Revolver*. Klaus la compró en Madrid durante unas vacaciones con su familia en Tenerife, sabedor de la admiración que sentía George por el guitarrista español Andrés Segovia. En este caso, el ángel custodio de ésta y otras guitarras de George Harrison es su hijo Dhani.

Rickenbacker de 12 cuerdas
360/12

Además de las citadas, los Beatles utilizaron una gran cantidad de bajos y guitarras eléctricas, acústicas, electroacústicas y españolas, centrándome yo únicamente en aquellos instrumentos con los que alguna vez he soñado.

Mi amigo Javier Adolfo Iglesias intenta seguir la pista a la guitarra española que usa John Lennon para componer «Strawberry Fields Forever», mientras rueda en Almería la película *Cómo gané la guerra*. Pero esta es otra historia.

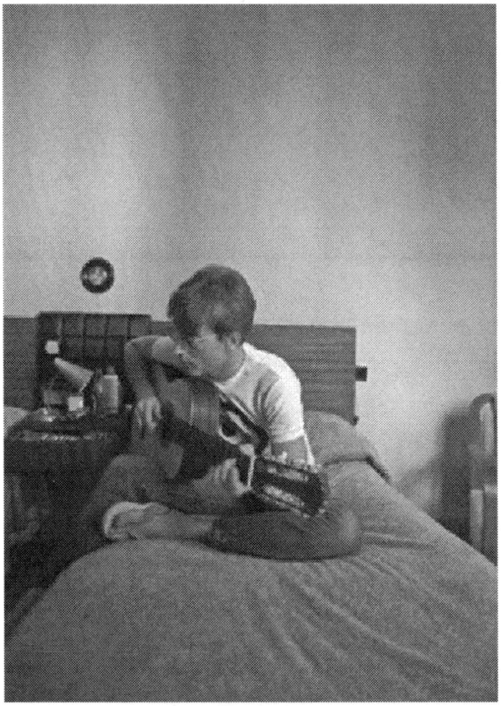

Lennon en Almería, guitarra española en ristre.

Por mi parte, algunas veces he soñado con estas guitarras en el sentido onírico literal. Por eso, cabría incluir en esta sección dos instrumentos que, a pesar de aparecer en sus carreras en solitario y por lo tanto no pertenecer al inventario *beatle*, han formado parte de mis anhelos: me refiero a la guitarra Dobro y el ukelele. Aunque en esta ocasión se trata de anhelos cumplidos, porque atesoro las dos en mis vitrinas.

Hubo un tiempo, cuando todavía no se había inventado la guitarra eléctrica, en el que la acústica debía competir con el resto de instrumentos de una banda o pequeña orquesta, tales como teclados, contrabajón o percusión, lo que dejaba al instrumento de cuerda en clara inferioridad de condiciones acústicas y, por lo tanto, con dificultades para hacerse oír. La solución llegó en 1925 de la mano de John Dopyra, que junto con sus hermanos fundó Dopyra Brothers para fabricar en serie la guitarra marca Dobro (abreviatura del nombre de la propia empresa Do-Bros). En realidad se trata de la guitarra denominada "resonadora o resofónica", aunque todo el mundo se suele referir a ella por el nombre de la marca, como pasa con el rímel o el pan bimbo.

El secreto de este instrumento consiste en un disco metálico sobre la caja que provoca una resonancia peculiar y confiere una mayor intensidad sónica al arpegiado de cuerdas. Existen variantes en función de la forma del mástil, redondo como una guitarra convencional o cuadrado, para apoyarla sobre las piernas con el fin de tocarla como una *slide guitar* o *bottleneck guitar*.

Obviamente, era una guitarra condenada a la extinción una vez hizo su aparición la eléctrica y los amplificadores, pero ese peculiar sonido producido por el artilugio da como resultado un nuevo concepto musical muy del gusto de los intérpretes del blues. Por esta razón, además de la vuelta de lo *vintage* y de que guitarristas como Mark Knopfler la han mantenido en el candelero (una foto de este tipo de guitarra con caja metálica es la portada de *Brothers in Arms*), la guitarra Dobro nunca muere o, en todo caso, resucita como el Ave Fénix.

Guitarra resonadora Gretsch 9200 de mi colección.

Para mí, mucho antes de estos vaivenes de fluctuante popularidad, la guitarra Dobro fue objeto de deseo desde que la descubrí en manos de George Harrison interpretando «Crippled Inside» para el álbum *Imagine* de John Lennon.

Y claro, si hablamos de material y amplificadores sería inexcusable omitir a Jim Marshall, fallecido en 2012 a la edad de 88 años. Se trata del creador de los legendarios amplificadores del mismo nombre, presentes inexorablemente en la vida de todos los que tocamos la guitarra. Como lo ha sido en la vida de Paul McCartney, que también le rindió su particular tributo.

Tributo de Paul McCartney a Jim Marshall

Marshall, que en 2003 recibió la Orden del Imperio Británico, poseía una tienda de música en Londres, lo que le llevó a crear sus propios amplificadores en un garaje. Pareciera que todas las grandes revoluciones tecnológicas del siglo pasado comenzaron en un garaje.

En lo que concierne a los amplificadores, cabe decir que su desarrollo técnico condicionó la propia historia de los Beatles. Esta circunstancia, unida al irreparable hecho de que ya no se oían entre sí fagocitados por el estruendo del público, propició que renunciaran a las giras. Dicha renuncia dejó sin un rol claro dentro de la empresa a Brian Epstein, lo que pudo desencadenar su suicidio. Una misión del *Ministerio del Tiempo* podría haber sido viajar al pasado para proporcionarles unos buenos amplificadores Marshall antes de tiempo. Pero no, el tiempo es el que es. Para ser exactos, hace ya medio siglo que nuestro grupo ofreció un concierto en el Shea Stadium de Nueva York que batió todos los récords de público y recaudación conocidos hasta entonces. Sin embargo, la principal motivación para asistir al concierto no era escuchar a los Beatles ya que los amplificadores Vox de 100 vatios no eran suficientes para sobreponerse a los gritos de las más de 55.000 personas presentes. Para que dispongamos de una referencia reciente, en una de las últimas giras de AC/DC –*Rock and Bust*– se emplearon un millón y medio de vatios. Había, sin duda, margen de mejora.

«Twist & Shout», «I Feel Fine», «Help» o «I'm Down» fueron algunas de las canciones que el público no se enteró que tocaron. El propio Ringo confesó que llegó a tocar la batería sin saber qué tema estaban interpretando. Según cuentan las crónicas, un periodista le preguntó más tarde a Lennon si no les molestaba no poder escuchar lo que cantaban, a lo que él respondió: "No, no nos importa. Tenemos los discos en casa". Muy Lennon.

"Hawai. Bombay. Son dos paraísos que a veces yo me monto en mi piso" como particular homenaje semanal, o así, a George Harrison. Este título de Mecano hace referencia, sin saberlo, a dos regiones situadas en las coordenadas espirituales del 'hombre invisible' de los Beatles. Su conexión con la India es sobradamente conocida y tiene su referencia instrumental en el sitar que George aprendió a tocar de la mano del ya fallecido Ravi Shankar y que diseminó con éxito en el pop occidental.

La otra referencia geográfica nos lleva a Maui, una de las islas Hawai donde George tenía una de sus residencias favoritas, y donde encontró el contexto propicio para enamorarse del ukelele.

Este instrumento de cuatro cuerdas descendiente directo del *cavaquinho* portugués siempre me había pasado desapercibido, pero decidí aprender a tocarlo después de escuchar a Paul McCartney su versión de «Something» con ukelele en el concierto homenaje a George. En las indagaciones para su adquisición descubrí que era mucho más que su apariencia de guitarra de juguete y la primera decisión que uno debe tomar es si quiere un ukelele soprano, concierto, tenor o barítono. En todo caso, estando familiarizado con la guitarra, los primeros escarceos son bastante fáciles.

George Harrison acabó siendo un gran maestro de la guitarra *slide* con un estilo muy reconocible, y estoy convencido de que dicho estilo tiene, precisamente, la inconfundible influencia de la guitarra de pedal hawaiana.

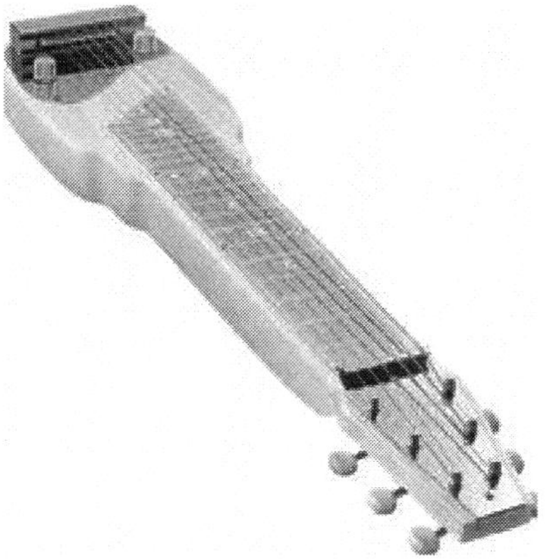

Guitarra de pedal hawaiana que tanto influyó en el estilo definitivo de George Harrison.

A pesar de esta relación directa entre la guitarra hawaiana y el estilo definitivo que marcará a George Harrison como guitarrista, sobre todo después de los Beatles, es en todo caso el ukelele el instrumento que tengo íntimamente asociado a George. Creo que ya le recordaré siempre sentado en la hierba con Paul y Ringo tocando «Ain´t She Sweet».

Paul, Ringo y George con el ukelele tocando «Ain't She Sweet».

...Aloha.

Los Beatles como instrumentistas

Como la *beatlefilia*, la musicofilia tiene diversas manifestaciones. Una de ellas es el tono absoluto u oído absoluto al que ya me he referido con anterioridad. Las personas dotadas con este don pueden decir la nota de cualquier sonido sin reflexión previa y sin compararlo con un patrón externo.

Otra especialidad no tan cerebral tiene que ver con la habilidad para aprender a tocar cualquier instrumento. El caso paradigmático de la culminación de estas y otras capacidades musicófilas es el del portento Derek Pavicini, músico ciego y autista al que le basta escuchar solamente una vez cualquier melodía para ejecutarla en el piano. Un maravilloso misterio del funcionamiento de las áreas cerebrales implicadas en la memoria musical.

Los Beatles, como ya he destacado, estaban especialmente dotados para la composición musical, y es sobre todo esta competencia la que les llevó a convertirse en el mejor grupo del mundo. No ocurre lo mismo en lo que concierne a sus cualidades como instrumentistas que, atesorando indudables y muy destacadas cualidades, no alcanzan en modo alguno las habiliadades que atesoraban relacionadas con la creatividad compositiva. Es el propio John Lennon el que reconoce las limitaciones del grupo en este sentido:

"No éramos buenos técnicamente. Ninguno leía música, ninguno podía escribirla. Pero, como músicos puros y seres humanos inspirados podíamos hacer ruido tan bueno como el de cualquiera."

En todo caso, resulta muy destacable su versatilidad, sobre todo en el caso de Paul McCartney que es considerado un consumado multi-instrumentista. Harrison toca el *moog* en «Here Comes the Sun», el bajo en «She Said She Said» y su parte de batería en «Back in the USSR». John Lennon, cuando no tenía la Epiphone Casino, era un hombre sentado al piano. Y Ringo colateralmente y fuera de micrófono podía tocar el piano y la guitarra.

Los cuatro Beatles a la batería, instrumento en el que, aparte de Ringo, destacaba Paul McCartney.

Ringo tocando el piano con Paul a tres manos (dos las aporta Paul)

Si repasamos la literatura existente en relación a las habilidades de los Beatles como instrumentistas podemos encontrar conclusiones muy contradictorias. Desde indiscutibles virtuosos a intérpretes mediocres... se puede leer de todo en relación a los Beatles. Como habrán podido notar no soy especialmente integrista (de acuerdo, todo es relativo) así que trataré de argumentar una propuesta más o menos equilibrada señalando momentos de especial interés de los Beatles como instrumentistas.

Empecemos por lo fácil para acabar rápido el primer asalto. Es decir, John Lennon. John no era precisamente un virtuoso de la guitarra ni del piano. Él era un creador. En las memorias de Geoff Emerick se describe constantemente a un Harrison inseguro y errático con la guitarra. Pero no se dice nada al respecto de John. Y esto es debido a que sobre él no existía ninguna expectativa como instrumentista, no se le exigía llegar al virtuosismo con la guitarra rítmica. De él se esperaba la excelencia en el campo de la creatividad. Y desde luego ahí no defraudaba a nadie.

Por poner un ejemplo, en *Rubber Soul*, en lo que concierne a los instrumentos, en un tema como «Drive my Car» solo toca la pandereta y en «You won´t See Me» no toca nada, solo canta. ¿Qué es lo que ocurre? Que compone «Norwegian Wood», «Nowhere Man», «Girl» o «In my life». No se trata únicamente de temas excepcionales. Si los situamos en contexto, en el contexto de su carrera o en el contexto de su época, suponen una auténtica innovación en lo que concierne a la estética del rock&roll, la nostalgia o el existencialismo, más alla del "love, love, yeah, yeah", así como nuevos recursos armónicos irrumpen sin avisar en este álbum.

Puede, si acaso, resultarnos curioso verle con la *steel guitar* para «For you Blue» o haciendo la guitarra solista de «Get Back» en el tejado, pero John no está llamado a sorprendernos como instrumentista, sino como creador. Salvo excepciones, entre las que cabe citar el trabajo que hace en «Rocky Raccon» para Paul McCartney con la armónica y el armonio, además de encargarse de un bajo de seis cuerdas. Su aportación, junto con la guitarra acústica de Paul, es el alma de la instrumentación de este tema.

Cabe decir que, en la época post-beatle la imagen de John es la de un hombre sentado al piano. Y por si hubiera alguna duda, el vídeo de «Real Love» nos presenta la muy explícita imagen de un piano que se eleva ingrávido sobre los edificios. John Lennon al piano es una imagen que resultará muy familiar al público en general, que inmediatamente la vincularán con el vídeo de «Imagine».

Esta imagen de John sentado al piano contrasta con la relación que tuvo con los teclados durante su época beatle. Desde luego hubo un puñado de canciones en la que se ocupó de una gran variedad de estos instrumentos (órgano hammond, mellotrón, clavicordio, armonio) estando especialmente inspirado con el piano en temas como «Hey Bulldog» o «Cry Baby Cry», entre otros. No hubo piano en la casa de la infancia de Lennon, así que el primero que debió empezar a martillear fue probablemente el que había en el club Jacaranda, propiedad de Allan Williams, primer mánager de los Beatles. Y es que los 'Fab Four' aprendieron solos a tocar y siendo indiscutible la ventaja de Paul y George en estas competencias, es lógico que John se ocupara básicamente de la guitarra rítmica. Y con este instrumento, desde mi personal visión, hay dos etapas claramente diferenciadas (que sin duda podríamos desglosar en una pormenorizada casuística) caracterizadas por dos imágenes algo distantes en el tiempo. La primera es John Lennon con una guitarra acústica y una armónica (en el caso de *Beatles for Sale* no la suelta en casi toda la grabación) y la segunda es con su elegante Epiphone Casino, que populariza en el concierto de la azotea a la que ya nos hemos referido.

Por su parte, el que más críticas injustificadas suele recibir, casi siempre fruto de prejuicios inexpertos, es Ringo Starr. Ringo es descrito a menudo como ese músico al que "le tocó la lotería" por estar en el sitio preciso en el momento adecuado. Pero Ringo Starr fue un gran batería que ha influido en músicos posteriores. Como ya he señalado, Phil Collins se reconoce influenciado por su estilo y en su día declaró que "lo que hace Ringo en «A Day in the Life» parece sencillo hasta que intentas hacerlo tú".

Ringo, efectivamente, está soberbio en «A Day in the Life» y extraordinariamente preciso en la entrada de «Come Together». También me parece que hace un trabajo fenomenal de compenetración con Paul en todo *Revolver*. Y, en fin, especialmente memorable en «Tomorrow Never Knows» y «Rain». Esa tendencia a marcar los acentos de la canción con el bombo o el uso algo anárquico, pero efectivo, de los *tom-tom*, unidos al hecho de que, como Paul McCartney, era zurdo pero usaba un *kit* de batería de diestro, hizo su estilo muy reconocible.

Ringo Starr.

En fin, lo diré sin rodeos y paso a ponerme el casco anti-detractores: Ringo es un precursor de la batería (en su acepción "Que profesa o enseña doctrinas o acomete empresas que no tendrán razón ni hallarán acogida sino en tiempo venidero") hasta el punto que si tuviera que escribir un libro sobre sus recursos musicales lo titularía *Ringo: repercusiones de un precursor de la percusión*. Ahí lo dejo.

O mejor no. No lo dejo, porque ese tiempo venidero ha llegado. El Grammy Museum de Los Angeles ofreció entre junio de 2013 y abril de 2014 una exposición monográfica sobre Ringo Starr.

Exposición monográfica sobre Ringo Starr en el Grammy Museum de Los Angeles

Fue la primera ocasión en su historia que este museo dedica una exposición a un batería. La muestra abarcó toda la vida artística de Ringo, desde los Rory Storm hasta la actualidad, pasando por ese grupo de Liverpool que acabó llegando tan lejos. Para los fetichistas de nuestro gremio se exhibió, entre otras reliquias, el chubasquero rojo que llevaba en la grabación de la azotea o la batería con la que tocó en el Shea Stadium.

Además cabría puntualizar que Ringo es, más allá de las baquetas, un gran percusionista. Son innumerables los temas a los que acompaña con una pandereta, pero de forma voluntaria, no en el banquillo como en la versión de «Love me Do» con Andy White en su taburete. También son sutiles, pero imprescindibles, las maracas en temas como «I will», «P.S. I Love You» o «I´ve Just Seen a Face», entre tantos otros. Tampoco se entienden «Till There Was You», «Getting Better» y, sobre todo, «You're Going to Lose that Girl» sin su trabajo con los bongos.

Y es que Ringo era un percusionista integral que no rehuyó ningún recurso para dar con la precisa base rítmica que se buscaba para cada tema. Así, además de congas, claves, y bongos árabes, son llamativos los sonidos de la caja china en «And I Love Her», los crótalos en «Norwegian Wood», los timbales en «Every Little Thing», las castañuelas en «While my Guitar Gently Weeps» o el chocalho en «She's a Woman».

Ringo, en fin, se aleja de una base rítmica mecanizada, algo muy frecuente en los bateristas y que tiene como resultado que no sabes exactamente si es una caja de ritmos pregrabados o un humano quien está tocando la batería. Tanto es así que, a mi juicio, Ringo es el único batería del mundo en el que se puede reconocer qué canción está tocando escuchando únicamente su pista. Ringo casi construye la melodía con sus baquetas. Ahí lo dejo, ahora sí.

En cuanto a George Harrison, obviando el monográfico papel de Ringo con la percusión, sería el instrumentista menos versátil comparado con Paul y a John. Tiene aportaciones significativas con el bajo en temas como «Honey Pie» o «Golden Slumbers» y en mayor medida con los teclados, tanto con el órgano Hammond –como en «While my Guitar Gently Weeps»– como con el sintetizador en «Octopus´s Garden», «Because» y «Oh! Darling». Pero al margen de estas esporádicas incursiones, Harrison estuvo fundamentalmente entregado a la guitarra solista, y si escuchamos el catálogo de los Beatles en orden cronológico, podemos observar con claridad su evolución como instrumentista consiguiendo crear un estilo propio en los últimos álbumes de la banda. Es en concreto en el último trabajo, *Abbey Road*, donde apreciamos su versión más depurada y que va a caracterizar su carrera en solitario. Este sería otro de los argumentos para añorar dos o tres discos adicionales de los Beatles. Claro que si hubieran hecho dos o tres discos más, hubiéramos encontrado otro poderosísimo argumento para que hubieran hecho otros dos o tres más.

George predestinado a ser guitarra solista.

Hay destellos previos de Harrison con la guitarra, sin duda. Guitarristas como Gary Moore se confiesan obnubilados con los *riffs* de George en «A Hard Day's Night», en «Help» o en «Nowhere Man» y estoy muy, muy de acuerdo. En definitiva, y hechas estas consideraciones, yo creo que podríamos destacar dos importantes aportaciones de George Harrison como instrumentista. En primer lugar consigue arrancar a la guitarra eléctrica un sonido cálido y limpio que va a terminar confluyendo en un estilo 'Harrison' muy reconocible y que tiene como paradigma la elegante guitarra solista de «Something». Esta forma de entender el punteo ha influido en otros grandes guitarristas, como es el caso de muchos trabajos de Eric Clapton, Pat Metheny o incluso el inclasificable Jeff Beck. Buscando esa limpieza en el lamento de la guitarra, George acaba convirtiéndose en un maestro indiscutible de la guitarra *slide*.

Les Paul, Jeff Beck y Harrison...trío de ases.

Por otra parte, como ya hemos indicado anteriormente, George Harrison introduce en la música rock occidental instrumentos tradicionales indios convirtiéndose él mismo en un virtuoso de instrumentos de cuerda como el sitar y la tambura, que confieren a temas como «Across the Universe», «Girl», «Lucy in the Sky with Diamonds», «Norwegian Wood» y, por supuesto «Within You Without You» o «Love You To» una muy peculiar atmósfera. Este feliz hallazgo ha sido profusamente utilizado por muchos grupos después de los Beatles.

Paul McCartney está a mi juicio a otro nivel como instrumentista con respecto al resto de la banda, de forma que el catálogo de momentos de gran eficacia como pianista, bajista, guitarrista, etcétera es inagotable. Así que citaré clásicos como la guitarra acústica en «Blackbird», la guitarra solista de «Taxman», el bajo 'solista', de tantas y tantas canciones... Me vienen ahora a la mente, «Old Brown Shoe», «I Want You (She's so Heavy)», «Hey Bulldog». Su línea de bajo en «Something», enmarcable en los manuales del bajo eléctrico melódico, es sencillamente insuperable. Y el contrapunto bajo/guitarra amétrico que abre «Drive my Car», tan potente.

Paul predestinado a ser consumado multinstrumentista.

Lo habitual en la grabación de un tema rock es que la pista inicial de bajo y batería se registre en primer lugar para marcar el ritmo, el *tempo*, del resto de instrumentos. Pero Paul McCartney alcanza un nivel tan sofisticado de perfeccionismo que en muchos de los temas de los Beatles graba el bajo al final, con el objetivo de convertir la línea de este instrumento en el contrapunto de la melodía. Es esta la razón por la que es tan reconocible su personalísimo estilo con un bajo que pasa a ser melódico y de aspiraciones solistas pero sin llegar a eclipsar la melodía principal de la canción.

Por otra parte, son fabulosas las entradas con piano de «Martha my Dear» o «Lady Madonna», por citar dos. Y, de hecho, a partir del protagonismo que acaba adquiriendo este instrumento sobre todo desde el *White Album*, bien podría ser recordado Paul como el teclista de los Beatles.

Eso sí, supongo que muchos convendrán conmigo en que el cierre de *Abbey Road* con el solo de batería de Ringo y el duelo de guitarras solistas de Paul, George y John que da paso al piano de «The End» permanecerá en nuestra memoria musical como el momento más emocionante de su discografía como instrumentistas. Lamentablemente fue eso, THE END.

Paul disparando un arma en el estudio para grabar su sonido en el tema «Oh Woman, oh Why», cara B del sencillo «Another Day». Multinstrumentista hasta las últimas consecuencias.

Hay vida después de los Beatles...

no es una afirmación pero los interrogantes eran una carga demasiado pesada

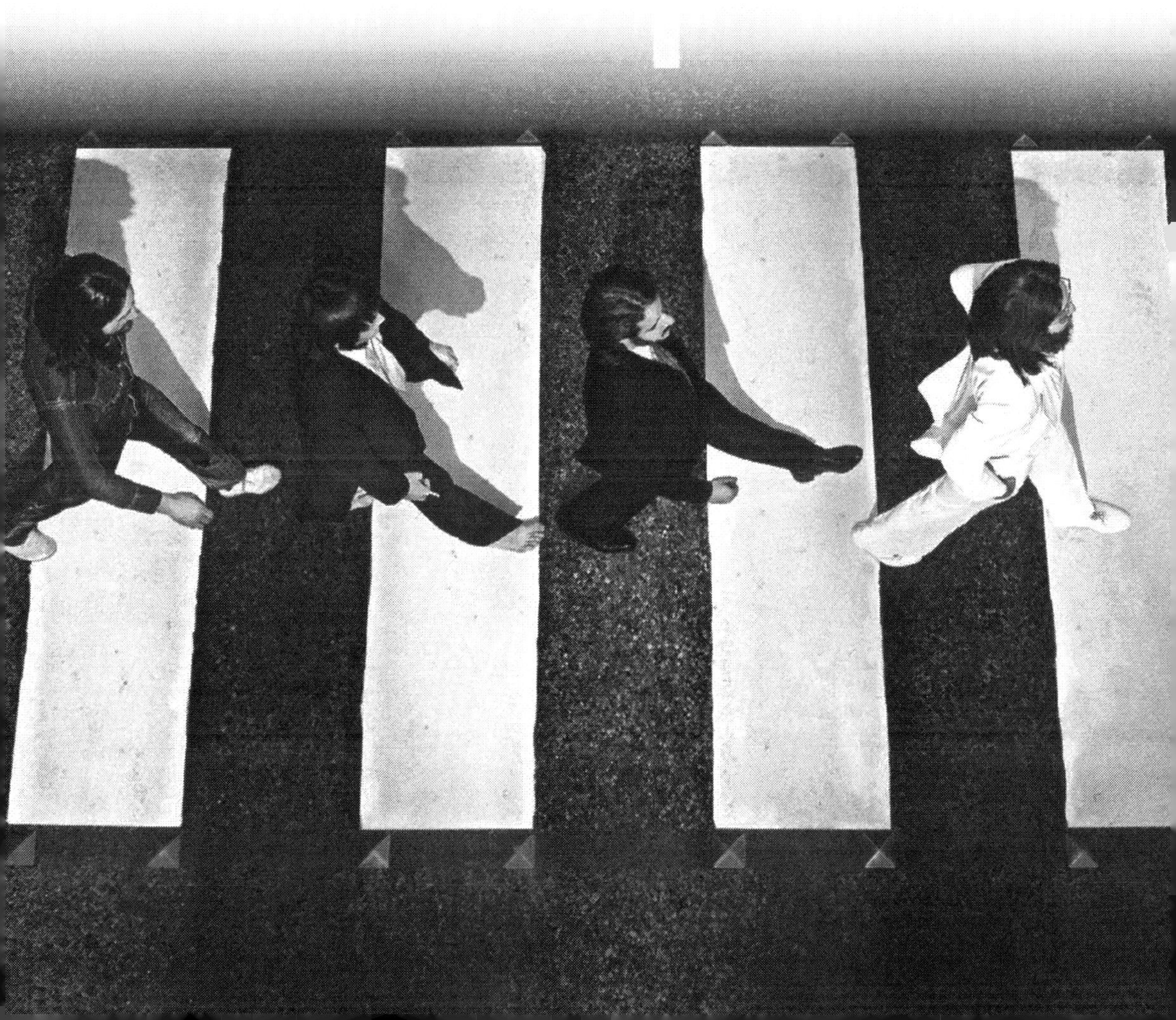

La separación...y lo advierto desde ahora: no fue Yoko Ono

Una medida del alcance y trascendencia de un hecho histórico es cuando acaba convirtiéndose en género literario o cinematográfico. La guerra civil, la segunda guerra mundial, la separación de los Beatles, en fin, las guerras en general, son ya géneros de ficción.

En los inicios del verano de 2014 un autor desconocido para mí, Jesús Pérez García, me envió una obra de teatro que acababa de publicar: *Good Bye Beatles*. Se trata de una obra breve, como la propia historia del grupo. Breve pero intensa. A fin de cuentas, eso es lo que relata el autor: los intensos diálogos entre John, Paul, George y Ringo acompañados de los personajes que fueron testigos de sus últimos días, de su separación en directo. A partir del relato del concierto de la azotea en la Apple Corps, existe en la obra algún *flashback* que nos transporta al bar Indra de Hamburgo, donde los Beatles, con Stu y Pete, comienzan como destajistas del rock, regalándonos el autor la ironía de una historia que empieza y acaba con sendas intervenciones policiales separadas por una década de diferencia. Hemos leído tanto material biográfico sobre este grupo que todos los seguidores de esta banda hemos construido, casi sin proponérnoslo, un perfil psicológico para cada uno de sus integrantes. Hasta de los secundarios. ¿Quién no reconoce la paciente y resignada fidelidad de Mal Evans, la británica parsimonia de George Martin, la locuacidad de Paul, la aparente superficialidad de Ringo, la efervescencia imprudente de John o la contenida resignación de George, tan descarnadamente visible por poner un ejemplo cuando es recriminado por Paul en su fallido punteo de «Let It Be», a lo que le replica algo así como, "Hago lo que tú me digas y, si lo prefieres, no hago nada"? Por eso, debido a esta coherencia entre perfil psicológico imaginado y diálogo propuesto por el autor, a la altura de la segunda página del libreto, a uno se le olvida por completo que está leyendo una obra teatral, resultando inevitable experimentar la sensación de que todo pudo ocurrir tal y como se detalla en la obra. En el fondo, como dice el autor, "es una historia de amor, de amistad, de relaciones, contada a través de un mito contemporáneo, y en la que todos podemos habernos visto identificados en nuestra vida, negándonos a ver lo evidente".

Quien esté libre de identificarse con esta historia de relaciones que se agotan que tire la primera piedra. Y es que la vida es puro teatro. El problema es cuando a un personaje se le otorga un protagonismo que nunca tuvo. Antes de que Paul McCartney se posicionara al respecto, siempre sostuve la exculpación de Yoko Ono de toda responsabilidad en la separación de la banda. O casi. La japonesa era un síntoma, no la causa. La fiebre por ejemplo, también es un síntoma, pero no es la causante de la gripe.

Siempre empiezo por esta analogía cuando me preguntan por el papel de Yoko Ono en la separación de los Beatles. Es casi una estrategia psicológica: la exculpo con una sutil pátina de inocencia, pero la comparo con la fiebre. Y es que no cabe duda de que su constante presencia en los estudios mientras los Beatles grababan debía resultar necesariamente incómoda para todos. Para todos salvo para John Lennon, que incluso para ir al baño lo hacía custodiado por la japonesa hasta la puerta misma donde le esperaba pacientemente. Y esto fue la fase soportable, ya que durante las sesiones de grabación del álbum *Abbey Road*, Yoko se hizo traer a los estudios una cama de los almacenes Harrods para atender a las visitas y dar opiniones musicales que solo John (que se refería a ella como "madre") tomaba en serio (en fin, no hace falta ser psicólogo). Pero no, no fue Yoko. Insisto, solo era fiebre que acabó resultando una pieza más del mobiliario de los estudios de Abbey Road.

Probablemente, si dejáramos de especular y escucháramos con atención el relato de cada uno de sus protagonistas –de los cuatro Beatles y de su círculo inmediato–, nos íbamos a encontrar con el llamado 'efecto Rashômon'. Dicho fenómeno hace referencia a una película inmensa de Akira Kurosawa que, por extensión, da nombre a uno de los recursos narrativos cinematográficos más interesantes y psicológicos. El elemento clave es, precisamente, el punto de vista de los personajes. Se plantea la misma historia desde la perspectiva de diferentes narradores reflejando la subjetividad de cada uno de ellos, lo que da como resultado diferentes relatos de una misma realidad. Lo hemos visto en *Pulp Fiction* o *Corre, Lola, corre* y en tantas otras. Y sin duda lo podríamos observar en 'la película' de la separación de los Beatles a partir de los relatos de Paul, John, George y Ringo.

En realidad, si tengo que apostar por la hipótesis más simple diría que, rondando todos ya los treinta años, con esposas, algunos con hijos, tenían –cómo decirlo–mucha carretera a sus espaldas. Demasiado recorrido juntos. Hay una escena de la película *Help* que lo resume todo muy visualmente. Se ve a los cuatro chicos entrando en cuatro casas inglesas diferentes por sus cuatro puertas respectivas pero, una vez dentro, se encuentran en la misma estancia. Un inmenso *loft* (cuando todavía no se había inventado esta palabra para designar este tipo de espacios diáfanos) donde comparten ensayos, historias surrealistas y sueños. Así fueron sus vidas durante más de una década. Fin de la historia. Todo lo demás creo que está relacionado con este hecho: los egos, el hartazgo de George, las crisis de autoestima de Ringo y el nivel de intolerancia hacia Yoko Ono. De hecho, diría que probablemente el grupo podría haberse separado antes, incluso sin el concurso de la japonesa, si no hubiera sido por el empeño de Paul en seguir cohesionando al mejor grupo del mundo. Bueno, el empeño de Paul y un poso de la amistad fraternal que nunca desaparece en los viejos amigos del colegio, de aquellos que han tenido que dormir juntos en la misma habitación durante los bolos de Hamburgo, de aquellos que se van juntos a la India para gestionar una fama internacional sobrevenida (alcanzan el primer Número 1 en las listas británicas apenas sobrepasados los 20 años, entre los 21 de George y los 23 de John y Ringo) y para buscar respuestas a unas preguntas que ni siquiera eran capaces de formular. Sea como fuere, creo que nunca sabremos cómo y en qué medida resolvieron sus dudas existenciales, pero lo cierto es que al regresar de la India ya no eran los mismos. Podemos considerar la vuelta a los estudios para grabar el *White Album* como el principio del fin. Debemos añadir que tampoco contribuyó a generar un clima de trabajo propicio el hecho de que la empresa que crearon los Beatles, Apple Corps., estuviera condenada al fracaso habida cuenta de la desaparición de Brian Epstain, la única cabeza verdaderamente empresarial en el entorno beatle. Si a esto añadimos estrambóticos personajes como 'Magic' Alex, amigo personal de John que gozaba de la confianza de los otros tres miembros del grupo, el desenlace de esta historia empie-

Magic Alex.

za a dislumbrarse con gran nitidez. Alexis Mardas era un charlatán con nociones de informática que construyó un estudio de grabación en Apple que tuvo que ser destruido por completo cuando el ingeniero de sonido, Geoff Emerick, constató que aquello no era más que un montón de chatarra con bombillas.

Como modelo de negocio era evidente que esta empresa no iba a ser viable. Pero las experiencias vividas desde la adolescencia dejan una huella indeleble, de tal manera que en este proceso de disolución irreversible del grupo también hubo ocasiones en que quedaron para tomar unas pintas en un pub o en casa de Paul o George para ensayar los temas que luego desarrollarían en los estudios.

Si tuviera que seleccionar un solo detalle de cómo eran los Beatles como grupo de amigos en sus comienzos, ya internacionalmente famosos, citaría el siguiente:

Nos vamos a febrero de 1964. Los Beatles viajan a Estados Unidos, donde han alcanzado una extraordinaria popularidad a juzgar por el millón y medio de copias vendidas en menos de tres semanas del sencillo «I Want to Hold your Hand». Aproximadamente 74 millones de espectadores —cerca de la mitad del país— vio actuar al grupo en el programa de televisión El Show de Ed Sullivan. La segunda aparición en este mismo programa fue transmitida en directo desde el Napoleon Ballroom del Hotel Deauville de Miami con una audiencia similar a la primera intervención televisada. La seguridad del grupo durante la estancia en esta ciudad fue encomendada a un anónimo pero afortunado sargento apellidado Dresner que, apostándolo todo a la ficha verde de la esperanza ("No tengo nada que perder"), invita a cenar a su casa a Paul, John, George y Ringo. Yo apostaría todo a la ficha blanca de la empatía a que después de escuchar algún comentario de los chicos añorando algo de tranquilidad en medio del endiablado trajín al que estaban siendo sometidos durante la gira norteamericana, Dresner les ofreció lo que en ese momento consideraba el lugar más tranquilo y seguro de la Tierra: su propia casa.

No se qué hubiera hecho por ejemplo Justin Bieber –u Oasis, que sostenían ser más famosos que los Beatles–, ante una invitación de similar naturaleza. Los Beatles, eludiendo la zozobra suntuosa del Hotel Deauville, fueron a cenar a casa del sargento Dresner. Puedo imaginar la emoción de las sobremesas de hoy en día, cuando llega el momento para los hijos del sargento, Jerridale, Andrea y Barry, de enseñar a las visitas las fotos adjuntas.

Hay un proceso muy humano en Paul, George, John y Ringo que empieza en compartir una actitud como la descrita y tomar la decisión de iniciar caminos separados. Vaya, fin de la historia de nuevo...Pero no, un momento, falta hablar de Allen Klein.

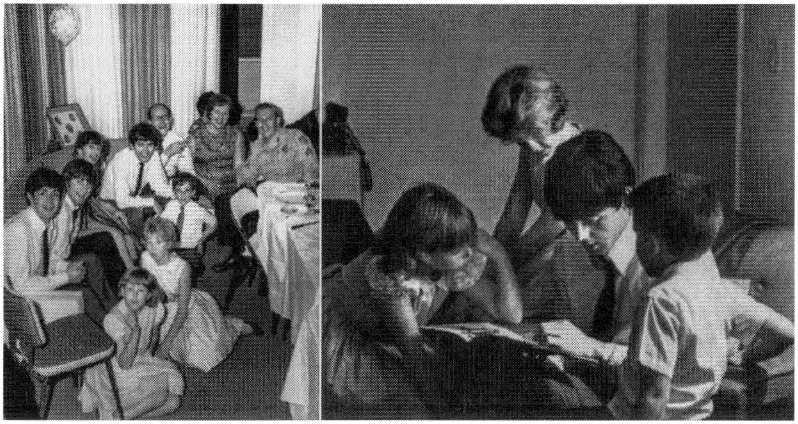

Los Beatles cenando en casa del Sargento Dresner. Paul a la derecha, con los hijos del sargento.

Allen era el mánager que, salvo Paul, todos preferían en detrimento del bufete de los Eastman. Que el padre de Linda Eastman, la esposa de Paul, llevara los asuntos del grupo despertaba lógicas reticencias en John, George y Ringo. Así que impusieron a Klein y, claro, Paul no firmó aunque, paradójicamente, fue él quien contrató a Allen. Fin de la historia, ahora casi sí. Pero no sin antes remarcar que Paul no se equivocó demasiado con el suspicaz diagnóstico que hizo de Allen Klein. Años más tarde, cuando George fue demandado por plagio inconsciente por «My Sweet Lord», Allen Klein, todavía mánager de Harrison, compró los derechos de «He's so Fine», la canción plagiada, con el fin de cobrar las posibles indemnizaciones posteriores y expoliar así a su propio representado. Así era Klein, nada más que un ave carroñera.

Sea como fuere, lo cierto es que esta situación provocó un cierto aislamiento de Paul en el seno de la banda, lo que le llevó, probablemente con poco acierto, a publicar su disco en solitario *McCartney* sin que los Beatles hubieran bajado todavía la persiana. Estratégicamente no era una buena idea porque, desde un punto de vista afectivo, lo iba a distanciar aún más de John, George y Ringo. Y desde un punto de vista comercial no era el momento más adecuado ante la inminente publicación de *Let It Be*. Fue Ringo quien trató de convencerle a Paul de que demorara la publicación de *McCartney* sin obtener éxito alguno, lo que obligó a Apple a retrasar unas semanas el lanzamiento de *Let It Be*. La conjunción de todos estos factores llevó a los Beatles a su disolución, poniendo punto final al viaje musical más fascinante de la música del siglo XX. Lennon estampó su rúbrica en el documento de disolución de la sociedad –algunos años de litigios después– en el Hotel Polynesian Village de Disney World, como una broma cruel del destino. El resto de la banda, ya lo había firmado en una reunión a la que John no se presentó. Todos querían acabar irreversiblemente con los Beatles, pero para todos fue doloroso.

¿Dije "irreversiblemente? A pesar de los acontecimientos citados, siempre he querido ver en los Beatles, tras su separación, unos lazos imperecederos que jamás se rompieron por completo. Comentaba en páginas anteriores que aquellos que empezamos a escuchar a los Beatles justo después de su separación, estuvimos durante muchos años albergando la esperanza de un reencuentro. Por eso, al seguir las carreras en solitario de cada uno de ellos siempre me he deleitado inspeccionando los créditos de sus álbumes con la confesable esperanza de encontrar posibles colaboraciones entre los cuatro y fantasear con la idea de que, de alguna manera, lo que tenía entre mis manos era un nuevo disco de los Beatles. Estas fantasías no eran patrimonio únicamente de mi anhelante imaginación. Todas las reuniones entre los tres supervivientes tras el asesinato de John y hasta la muerte de George son reconocidas informalmente como momentos *Threetles*.

Mi foto favorita de Paul, George y Ringo juntos.

También fantaseó con esta posibilidad Jordi Sierra i Fabra, que en su entretenida novela *El asesino del Sgt. Pepper's* (1994) reúne de nuevo a los tres beatles supervivientes aunque, claro, ya nada podía ser lo mismo sin John Lennon. Su primer concierto se celebrará en Palma de Mallorca y la compañía discográfica ha invitado a todos sus VIP a presenciar el evento. En el barco que traslada a todo el personal desde Barcelona, se lo estan pasando realmente muy bien cuando, de pronto, tiene lugar un asesinato. Un asesino psicópata anda suelto por el barco y... *I don´t want to spoil the party so*...Sigamos.

Parece ser que tras la separación más o menos oficial, y volviendo a la no-ficción, la última ocasión en que coincidieron tres beatles juntos, Paul, George y Ringo, fue para la grabación de la rezagada «I, Me, Mine» del álbum *Let It Be*. John ya no quería saber nada tras unas sesiones de grabación tremendamente incómodas pero en las que, sin embargo, nos quedan misterios como «Dig it», cuyo encanto no está en su calidad, sino precisamente en todo lo contrario: Se trata de una feliz gamberrada de los cuatro juntos, como en los viejos tiempos. O «The Ballad of John and Yoko», interpretada íntegramente por John y Paul, en la que no parecen en modo alguno enemigos irreconciliables. Con este último al bajo, batería, piano y maracas y con muestras evidentes de estar pasándolo en grande. Como decía Goethe, "Con el conocimiento se acrecientan las dudas".

Repasando algunos ejemplos de colaboraciones posteriores (Tabla resumen adjunta) comprobamos que en *Imagine* (1971), George Harrison fue invitado por Lennon a tocar en algunos temas. Por su parte, George, John y Paul aparecieron en el álbum *Ringo* (1973), coincidiendo en el estudio el propio Ringo, John y George para grabar un tema inolvidable: «I'm the Greatest». Tras la muerte de John, los *Threetles* se reúnen en 1981 para grabar la deliciosa «All Those Years Ago», una canción compuesta por George Harrison que, en un principio había ofrecido a Ringo para su álbum *Stop and Smell the Roses*. También John Lennon le había ofrecido para este mismo álbum «Nobody Told Me» y «Life Begins at 40» pero todo esto quedo trastocado tras su asesinato.

En 1984, quizás algo lejos de la apocalíptica sociedad que describe George Orwell en su novela, Paul McCartney publica el casi prescindible *Give my Regards to Broad Street*, con la colaboración de Ringo Starr, que también participa en el álbum *Cloud Nine* (1987*)* de George Harrison. En mayo de 1995, Ringo, Paul y George regresan a los Estudios EMI junto con George Martin para el proyecto *Anthology*. Un par de años más tarde, Paul invita a Ringo para grabar dos temas del álbum *Flaming Pie* (1997). La historia de *Threetles* finaliza el 8 de junio de 1998 cuando, según cuentan los medios, los tres *beatles* cantan «Let It Be» en la misa póstuma en memoria de Linda McCartney que se celebró en la iglesia de Saint Martin de Londres. Pudiera ser, casi con certeza, la última vez que cantaron los tres juntos.Y, lo más reciente, hasta la publicación de este libro, lo encontramos en una colaboración de Paul McCartney con el bajo y coros en el tema de Ringo «We're on the Road Again» (el mejor título posible en relación al tema que nos ocupa) del último álbum del batería, *Give More Love.*

COLABORA...	EN EL TEMA...	DEL DISCO...	DE...
Harrison	Varios temas	*Imagine (1971)*	Lennon
Harrison, Lennon, McCartney	I'm the Greatest	Ringo (1973)	Starr
McCartney y Starr	All Those Years Ago	*Somewhere in England (1981)*	Harrison
Starr	Varios temas	*Give my Regards to Broad Street (1984)*	McCartney
Starr	When We Was Fab	*Cloud Nine (1984)*	Harrison
Starr, McCartney y Harrison	Free as a Bird Real Love	*Anthology(1995)*	The Beatles
Starr	Varios Temas	*Flaming Pie (1997)*	McCartney
McCartney	We're on the Road Again	*Give more Love (2017)*	Starr

Colaboraciones entre John, Paul, George y Ringo tras la separación.

La sensación que me queda al repasar mi discoteca es que los Beatles, en realidad, a lo largo de sus carreras en solitario nunca se separaron del todo.

Breves apuntes de los Beatles en solitario..., pero ya nada fue lo mismo.

Después de su desintegración, los seguidores de los Beatles esperábamos con ansiedad los nuevos trabajos en solitario de sus componentes. John no defraudó con su *Plastic Ono Band*, que fue compuesto tras cuatro meses de terapia con el psicólogo americano Arthur Janov, creador de la llamada Terapia primal. Dicha técnica se basa en el principio de que las neurosis actuales son el resultado de traumas reprimidos en la infancia. Teniendo en cuenta que hablamos de John Lennon, cuatro meses no parece ser mucho tiempo para resolver sus conflictos infantiles. Quizás sea ésta la razón por la que el disco tiene algo de catártico («Mother» o «My Mummy´s Dead» son buena prueba de ello). También puede ser una prueba de cómo John estaba interesado en lo 'primal', como un eterno retorno, si reparamos en la elección del edificio donde Lennon decide mudarse en Nueva York, el Dakota. Comparándolo con el edificio Strawberry Field, el orfanato del Ejército de Salvación donde John jugaba con Pete Shotton e Ivan Vaughan en Liverpool y que inspiró su obra maestra, quizás ustedes tengan la misma sensación que se apoderó de mí cuando contrasté sus fachadas. Recuerdos felices que Lennon no deja de perseguir en su recorrido vital hasta llegar al edificio donde, paradójicamente, encontró la muerte. De alguna forma ese orfanato era el trineo *Rosebud* del 'Ciudadano Lennon'.

Fachadas del Strawberry Field y el Dakota, principio y fin en la vida de John Lennon.

Por su parte George publica su obra magna *All Things Must Pass* y Paul descoloca a todo el mundo con su rudimentario y casero *McCartney*. Después de estos trabajos vinieron muchos más de desigual calidad.

Una acertada valoración es la que, a mi juicio, realiza Josu Lapresa en un viejo número de la revista *Rolling Stone.* Quizás después de la publicación de este libro salgan cosas interesantes de Paul o Ringo pero la sensación es que, por decirlo de alguna forma, ya está "todo el pescado vendido". Éste es su veredicto (y, aunque lo comparto en secciones posteriores, yo lo matizaría en algunos puntos):

Paul McCartney:

- Obra Maestra: *McCartney* (1970). Con la, a mi juicio, mejor canción de Paul tras los Beatles, «Maybe I´m Amazed».
- Los mejores discos: *Ram*, *Band on the Run*, *Tug of War*, *Chaos and Creation in the Backyard.*
- Mejor ni lo intentes: *McCartney II.*

John Lennon:

- Obra maestra: *John Lennon/Plastic Ono Band* (1970).
- Los mejores discos: *Walls and Bridges*, *Double Fantasy.*
- Solo para fans: *Imagine.*
- Mejor ni lo intentes: *Some Time in New York City.*

George Harrison:

- Obra maestra: *All Things Must Pass* (1970).
- Los mejores discos: *33 & 1/3*, *Cloud Nine*, *Live in Japan.*
- Solo para Fans: *Wonderwall Music.*
- Mejor ni lo intentes: *Dark Horse.*

Ringo Starr:

- Obra maestra: *Ringo* (1973).
- Los mejores discos: *Beaucoup of Blues*, *Goodnight Viena*, *Liverpool 8.*
- Solo para Fans: *Sentimental Journey.*

Si observamos con detenimiento sus carreras en solitario, Ringo, que va a su aire, es en el fondo el que tiene la carrera más regular. Sus discos buenos están algo lejos de ser extraordinarios, pero los malos no son tan malos. De hecho, Lapresa no le atribuye a ninguno de sus discos la categoría «Ni lo intentes».

Tanto en el caso de Paul, como en el de John y George, se valoran como Obra maestra –y no podría estar más de acuerdo– tres discos editados en 1970.

No creo que arriesgue demasiado si apuesto a que muchas de estas canciones (prácticamente todo el disco en el caso de *All Things Must Pass*) estaban ya en la cabeza de Paul, John y George cuando todavía no estaban separados. Dicho de otra forma: En *McCartney*, *Plastic Ono Band* y *All Things Must Pass* podemos escuchar las canciones que hubieran formado parte de los siguientes discos de los Beatles si hubieran seguido juntos. Por eso son los mejores. Los verdaderos discos en solitario, sin la alargada sombra del grupo, vinieron después.

Yo, siguiendo la tónica general de este libro, no haré un repaso exhaustivo de sus discografías, ya que para tal fin hay una extensa literatura especializada. Mi intención es detenerme, desde una perspectiva muy personal, en algunos trabajos que me han resultado especialmente emocionantes.

En este sentido apenas tengo nada que apuntar al respecto de Ringo Starr. Con casi veinte álbumes en solitario hasta la fecha, no puedo decir que haya un disco que me resulte emocionante. Al igual que aquel amigo sometido a terapia por una sobredosis de *beatlefilia*, las dos peores cosas que sería capaz de decir de los Beatles serían su separación y la carrera en solitario de Ringo Starr. Efectivamente, escucho con agrado sus discos pero, como era de prever atendiendo a su carrera compositora en la etapa *beatle* (solo dos temas: «Don't Pass Me By» y «Octopus´s Garden»), no encuentro temas capaces de repercutir en ninguna de mis fibras sensibles. Ya apuntamos al inicio algunos de sus mejores álbumes, pero creo que es *Ringo* (1973) su trabajo más especial, con el maravilloso efecto colateral de congregar a los otros tres *beatles*. Además de contar con John, George y Paul, supo rodearse de grandes talentos en las sesiones de grabación de *Ringo*, como Billy Preston siempre tan solvente, Klaus Voorman que nunca falte, Marc Bolan, el saxofonista Tom Scott que también había trabajado con Harrison, The Band y un montón más de grandes músicos con los que Ringo Starr, más esmerado en el trabajo compositivo, se aseguró un resultado eficaz y mejores críticas que las dedicadas a sus ábumes anteriores *Sentimental Journey* (que, según sus palabras, hizo pensando en su madre) y *Beaucoup of Blues*.

Invertí en Ringo Starr un significativo espacio al referirme a sus cualidades como batería, faceta en la que este músico me encanta. Pero al hablar de las trayectorias de los Beatles como compositores en solitario, omitiré, con el debido respeto, una sección específica a Ringo Starr por las razones que ya he destacado.

Cabe decir, en todo caso, que atesora un nada desdeñable número de películas a sus espaldas para no ser actor y fue precisamente durante el rodaje de *El Cavernícola* (1981) donde conoció a su segunda esposa, Barbara Bach, con la que sigue casado en la actualidad después de haber compartido muchos años de amor y clínicas de desintoxicación del alcohol. Dicho esto, creo que el verdadero potencial de Ringo tras la separación de los Beatles lo vamos a encontrar en las giras en directo con su banda *All-Starr Band.* Una formación con constantes rotaciones pero en la que Ringo siempre alista grandísimos músicos que le siguen de gira periódicamente convirtiendo sus conciertos en todo un espectáculo. Han pasado por la *All-Starr Band* artistas como Joe Walsh (Eagles), Clarence Clemons (E Street Band), su hijo Zak, Todd Rundgren (Utopia), John Entwistle (The Who), Peter Frampton y Roger Hodgson (Supertramp), por citar algunos nombres de esta superbanda que solo alguien con un gran poder de convocatoria podría reunir.

Paul McCartney

La idea con la que Paul McCartney concibió *Let It Be* era la de grabar todos sus temas "como si fuera un disco en directo". Considerando estas expectativas, queda claro porqué le resultó tan sobrecargada la 'pared de sonido' diseñada por Phil Spector para arropar las canciones. Es sabido, además, que Paul quedó especialmente contrariado con los arreglos orquestales de «The Long and Winding Road». Si el concepto de partida era la desnudez, es evidente que Spector desenfocó el trabajo de producción. La reedición varias décadas más tarde de la grabación original bajo el título *Let It Be Naked* ha servido para resarcirnos de aquel desencuentro y descubrir cuál era la idea que tenía Paul en la cabeza.

Para grabar *Abbey Road* – y tras esta experiencia fallida– Paul se vuelve a desmarcar del sonido crudo despojado de artificios y le pide a George Martin hacer un disco "como los de antes". Lógicamente se refiere a antes de *Let It Be* y contando, por supuesto, con Geoff Emerick como ingeniero de sonido. El resultado de la que acabó siendo la última grabación de los Beatles es por todos conocido: una producción exquisita para unos temas sublimes.

Es decir, en lo que concierne a la producción, podemos observar en Paul un cierto titubeo pendular en su tránsito desde los Beatles a la carrera en solitario, como si no acertara a decidirse entre la sofisticación y la desnudez. De esta forma, después del perfeccionismo de *Abbey Road* y buscando de nuevo la desnudez en la producción, se encierra en su propia casa en Cavendish Avenue para grabar su primer trabajo en solitario. Paul toca todos los instrumentos, sin mesa de mezclas, con un solo micrófono y arrastrando la desazón del anuncio realizado por Lennon en privado de abandonar el grupo. El álbum, que como cabría esperar solo podía titularse *McCartney*, es una joya en la que a mi juicio sobresalen la poderosa «Maybe I´m Amazed» y la delicada «Junk», compuesta en la época del *White Album*.

A juicio de buena parte de la crítica especializada, una obra maestra y, efectivamente, un álbum extraordinario. La crítica especializada actual, claro, porque en su día fue un trabajo explícitamente menospreciado por la prensa musical, que se preguntaba al unísono: ¿Para esto se va de los Beatles? La publicación de este álbum se interpretó, además, como el anuncio público y oficial por parte de McCartney de la separación de los Beatles, lo que causó un indisimulado malestar en el resto del grupo, sobre todo en Lennon, lo cual resulta algo chocante considerando que él ya había anunciado que se iba.

De todas formas, si tenemos que hablar del mejor álbum de Paul McCartney en solitario mi elejido es, sin lugar a dudas, *Ram*. Desde el punto de vista de la producción pendulante que he explicado, ahora tocaba sofisticarse después de las grabaciones caseras que habían causado tanto desconcierto en su anterior álbum y recurre al experimentado ingeniero de sonido Phil Ramone, además de contar con dos grandes músicos y guitarristas estadounidenses, David Spinozza y Hugh McCracken.

Plagado de melodías vitalistas, al escuchar «Uncle Albert / Admiral Halsey» nos da la sensación de que seguimos escuchando el *medley* de la cara B de *Abbey Road*. No faltan sus habituales piezas de rock clásico, con «Smile Away» o «Eat at Home». El punteo de guitarra/voz de «Heart of the Country» es muy original y, desde mi punto de vista, Paul vuelve a desentrañar el secreto de la melodía perfecta con temas como «Dear Boy» o «The Back Seat of my Car». Este legendario álbum también ha sido reeditado en formato de lujo e incluye, entre otras cosas, las grabaciones de *Thrillington*, trabajo publicado en 1977 por Paul bajo el pseudónimo de Percy 'Thrills' Thrillington, que recoge las versiones instrumentales de *Ram*.

Uno de los guitarristas que colaboró con Paul en *Ram*, David Spinozza, fue solicitado tiempo después por John Lennon para su *Mind Games*. En las sesiones de grabación de este álbum, David se percató de que John no era consciente de que antes había trabajado para Paul McCartney, por lo que temió ser despedido. Sin embargo, cuando John finalmente se enteró, David confesó que el único comentario de Lennon fue "Paul sabe elegir buenas personas".

Y es que, más allá de los anecdóticos reproches típicos de matrimonio roto que Paul dedica a John en su tema «Too Many People» *(Ram)* y que éste responde de una forma nada subliminal en «How do You Sleep» del álbum *Imagine*, al final nos queda la música. La música de un álbum que, después de cuarenta años, mantiene toda su frescura. De hecho debo decir que, a mi juicio, Paul McCartney no vuelve jamás a los momentos de inspiración alcanzados en *Ram*, salvo quizás en el magnífico *Chaos and Creation in the Backyard* o el reciente *New*, donde nos encontramos de nuevo a Paul en estado puro con «Queenie Eye».

Too Many People (Paul McCartney)	How do You Sleep (John Lennon)
Demasiadas personas van bajo tierra, demasiadas personas alcanzando un pedazo de pastel, demasiada gente siendo tirada y empujada, demasiada gente esperando por ese golpe de suerte. Ese fue tu primer error, tomaste tu golpe de suerte y lo partiste en dos. Ahora ¿qué se puede hacer por ti?	Asi que Sgt. Pepper te tomó por sorpresa. Mejor mira directo a traves de esos ojos de mamá. Esos fenómenos estaban en lo correcto cuando dijeron que habías muerto. El único error que cometiste está en tu cabeza. Ah, ¿cómo puedes dormir?

Extractos de las letras de los dos temas en los que Paul y John se intercambian reproches.

Probablemente Paul Epworth, músico, productor y compositor, estaba destinado a ser un completo desconocido para mí. Una relación sometida a una completa simetría ya que él nunca va a tener la menor idea de quién soy yo. La cantautora británica Adele, sin embargo, contribuyó a romper esa simetría porque alguno de sus éxitos (sobre todo «Skyfall», el tema de una película de Bond, James Bond) propició que Paul Epworth ascendiera un escalón para pasar a ser uno de esos nombres que me pueden llegar a sonar en los créditos. Finalmente, Paul McCartney ha conseguido en *New* que Paul Epworth me resulte increíblemente interesante aunque él siga sin tener ni idea de quién soy yo: asimetría total.

Es uno de los productores que reclutó Paul para este álbum en el que, desde mi subjetiva experiencia, tiene en «Queenie Eye» su mejor canción (al menos mientras escribo estas líneas). ¿Cómo no iban a apuntarse al vídeo oficial Johnny Depp, Sean Penn, Meryl Streep, Jeremy Irons o Jude Law? Sí, por fin volví a emocionarme con Paul McCartney aunque en esta canción vuelve a usar el mismo recurso D - Dmaj7 - D7 que ya utilizó en «Maybe I´m amazed» y con anterioridad en «Mother Nature´s Son», esta vez dispuestos en un ritmo que nos recuerda al «Summer in the City» de la versión de Joe Cocker. Innovar consiste a veces en poner las piezas existentes de otra forma y obtener un resultado inesperado y magnífico.

Como decía a unos amigos, alguno de ellos muy escépticos con *New*, no fue en la primera audición cuando me sedujo. No fue, por decirlo así, amor a primera vista. Pero ahora «Queenie Eye» ha pasado a formar parte de esas canciones que quiero tocar yo mismo cuando me apetece experimentar sentimientos que solo la música es capaz de activar. Este tema, que evoca uno de los juegos de la infancia de Paul –de aquella época en la que los niños y niñas jugaban en la calle–, está escrito e interpretado por el propio McCartney en colaboración con Epworth, que lo produce y toca la batería. Paul, cómo no, hace el resto: voces, guitarras, bajo, teclados varios y pandereta. En fin, Paul McCartney TOTAL.

Me interesó tanto este tema que no pude por menos que averiguar cuál es el origen de la expresión «Queenie Eye». La versión oficial en lo que concierne a la letra de esta canción hace referencia a un juego infantil de la época de Liverpool pero yo necesitaba saber el sentido que Paul McCartney quería otorgarle en el momento de escribir la canción. La cuestión es que no encontré en ninguna de las entrevistas promocionales demasiada información por parte de Paul sobre esta canción, lo cual, como es previsible, hacía incrementar mi curiosidad.

Con ese margen de incertidumbre sin resolver, estaba repasando la errática compilación de cartas de Lennon a cargo de Hunter Davies (digo errática, ya que en la página 100, a bocajarro y sin anestesia, el periodista apunta que «Penny Lane» fue compuesta por John Lennon ¿!!? Y es solo uno de los múltiples gazapos), cuando leo una de las cartas más ácidas de John, dedicada básicamente a Linda McCartney, cuya introducción reza:

"Estaba leyendo vuestra carta y me preguntaba qué cascarrabias fan de mediana edad de los Beatles la había escrito (…) Me quedé pensando ¿quién puede ser?, ¿Queenie?, ¿la madre de Stuart?, ¿la mujer de Clive Epstein?, ¿Allan Williams?..¡Por todos los diablos, pero si es Linda!."

Nótese que *Queenie* es, junto con *Allan*, la única referencia personal directa, las otras dos son "la madre de" y "la mujer de". Esto denota un alto nivel de familiaridad con el personaje. Pero, ¿quién era *Queenie*? No sé cómo no había caído antes en la cuenta, pues se trata de la madre de Brian Epstein. En realidad su verdadero nombre era Malka (reina en hebreo), aunque todo el mundo la conocía como *Queenie*. *Queenie Eye* sería, por tanto, el ojo, la mirada, de la madre de Brian. Caso resuelto. Creo.

Permítanme que me ponga ahora un poco psicoanalista, pero el caso es que ahora reviso la letra de la canción y recuerdo la reacción de Paul ante el fallecimiento del mánager, momento en el que prácticamente se hace con las riendas musicales de la banda y, no sé, casi me cuadra:

"Había reglas que nunca me dijiste, nunca se me ocurrió un plan, todas las historias que me vendiste no me ayudan a entender. Pero yo tenía que conseguir que funcionara, no tenía a nadie que pudiera ayudar, así que al final resultó que tenía que hacerlo por mí mismo."

Claro que *Queenie Eye* puede que fuera solo un juego....de esos de la infancia en Liverpool.

Brian del brazo de su madre, Queenie y su padre Harry Epstein.

Paul con Meryl Streep, quizás haciendo de Queenie en la grabación del videoclip. No era la primera vez que se veían las caras. A la derecha, en los premios Grammy de 1990.

Después de aludir al resultado de la colaboración entre Paul McCartney y Paul Epworth, debo reconocer que casi nunca han defraudado los trabajos en los que Paul ha contado con otro músico para escribir e interpretar canciones. En este sentido es ineludible hablar de Denny Laine.

Como ya hemos sugerido, Lennon siempre usó la metáfora del matrimonio para referirse a su relación con Paul McCartney y, de hecho, tras la disolución de los Beatles explicó algunos de sus enfrentamientos en el contexto de lo que implica un divorcio. Con sus carreras ya en solitario, los 'Fab Four' fundaron otras bandas más o menos ocasionales, como la Plastic Ono Band, la All Starr Band, los Travelling Wilburys, salvo en el caso de Wings, creada por Paul con una intención más largoplacista que las citadas y quizás con la pretensión de demostrarse a sí mismo que una banda podía gozar de una clima positivo con su omnipresente liderazgo.

Ringo con su All Starr Band.

Siguiendo con la analogía de John Lennon, Paul tuvo sus fructíferos escarceos amorosos con Michael Jackson, Stevie Wonder, Martin Glover –con quien Paul ha producido muy interesantes trabajos bajo el pseudónimo de The Fireman, destacando el álbum *Electric Arguments*–, o con Elvis Costello, al que nos referiremos más adelante. Pero sin duda, con quien debemos asociar a Paul McCartney tras la disolución de los Beatles es con Denny Laine.

Denny era un viejo conocido con quien Paul entabló amistad en 1965 cuando los Moody Blues, grandiosa banda, habían actuado de teloneros de los Beatles en una gira por Gran Bretaña. Denny era por entonces voz principal de los Moody y hubo un momento de su vida en que decidió ser telonero de Paul McCartney. Telonero como profesión, quizás a sabiendas de que es el único papel que uno puede tener trabajando al lado de McCartney. En todo caso, supongo que Denny comprendió perfectamente la situación cuando el primer día de ensayo sugirió la posibilidad de contratar a un teclista de verdad que reemplazara a Linda McCartney que, por entonces, se tomaba su tiempo para encontrar el Do en el piano. Paul zanjó el debate con un "Puedo enseñarle todo lo que necesita saber." Fin de la discusión.

Desde mi punto de vista, el álbum más representativo de la colaboración McCartney / Laine es *London Town*, entente que se ve ya reflejado en su portada. Un disco muy entretenido, en el que encontramos la firma del binomio en los temas «Children, Children», «Don´t Let It Bring You Down», «Morse Moose and the Grey Goose», además del que da título al LP, «London Town». También es co-autor de la maravillosa «Mull of Kintyre» de la que Laine tuvo que vender sus derechos en los 80 tras declararse en bancarrota. Como curiosidades cabe decir que participó en los coros de «All Those Years Ago» de Harrison y también en un proyecto musical a cargo de Zack Starkey, el hijo de Ringo, titulado *Wind in the Willows*. Por otra parte, y me resulta desazonante reconocerlo, en una ocasión vi que en su página web vendía una guitarra acústica de su propiedad, supongo que falto de liquidez. En fin, lamentable.

Y es que, tras la disolución de Wings, Denny Laine nunca volvió a brillar. Por eso guardo entre mis reliquias un álbum de 1991 titulado *In Flight* firmado por *Denny Laine with Paul McCartney and friends* (imposible despojarse ya de la sombra) que atesora un puñado de buenas canciones entre las que resalta «Go Now». Como dice una de las letras de *London Town*, «With a Little Luck», "los sauces sobreviven dando la espalda a las inclemencias del tiempo." Sin oponer resistencia.

La colaboración con Elvis Costello a la que aludía es más breve pero al menos no tiene tintes desazonantes. Y es que desde el binomio Lennon-McCartney, pasando por el McCartney-Laine, pocas colaboraciones habían sido tan fructíferas como la de McCartney-MacManus. No tanto en cuanto a cantidad de canciones, apenas una docena de temas, sino, sobre todo, por su calidad. He datallado el resultado de esta colaboración en la tabla resumen adjunta:

COLABORA...	EN EL TEMA...	DEL DISCO...	DE...
MacManus	You Want her Too Don't Be Careless Love That Day Is Done Back on my Feet My Brave Face	*Flowers in the Dirt*	McCartney
McCartney	Veronica Pads, Paws and Claws	*Spike*	MacManus
McCartney	Playboy to a Man So Like Candy	*Mighty Like a Rose*	MacManus
MacManus	The Lovers that Never Were Mistress and Maid	*Off the Ground*	McCartney
McCartney	Shallow Grave	*All this Useless Beauty*	MacManus
Mc/Mac	25 fingers Tommy's Coming Home	*McCartney/MacManus Collaboration*	Mc/Mac

Colaboraciones Paul McCartney & Elvis Costello.

Visto el resultado, es inevitable pensar que hubiera sido una ubérrima sociedad si la hubieran cultivado aún más. Mientras tanto, podríamos hablar también de conexiones indirectas, ya que Elvis Costello está casado con Diana Krall, artífice del éxito de uno de los últimos trabajos de Paul, *Kisses on the Bottom*.

Después de Wings y de las colaboraciones citadas, Paul se ha hecho acompañar en sus giras por diversos músicos de forma algo inestable aunque todos tienen un denominador común: son muy buenos en lo que hacen. Bueno, algunos de ellos también tienen otra cosa en común: son californianos.

Erase una vez un muchacho californiano que en 1973, con solo 14 años y apasionado con los Beatles, fundó su primera banda: los absolutamente desconocidos e intrascendentes fuera de California, Eulogy. Creo que hubiera sido fascinante viajar en el tiempo para confesarle a Rusty Anderson –así se llamaba el adolescente– que algún día iba a tocar al lado de su ídolo Paul McCartney, al que por entonces solo conocía por sus discos y por el póster que atesoraba en la pared de su dormitorio. Claro que lo más probable fuera que, en aquel momento, justo cuando estaba tocando en la fiesta de fin de curso de su instituto, esa posibilidad le pareciera un sueño completamente inalcanzable.

En otro punto del mapa de California, y también en 1973, el guitarrista y bajista Brian Ray, que entonces tenía 18 años y mucho talento, tomó la decisión de dedicarse profesionalmente a la música. Aunque en ese momento no se conocían, compartía con Anderson la pasión por los Beatles.

Y, en este repaso que ya veremos a dónde nos lleva, nos tenemos que referir a la dinastía Laboriel. Un dechado de virtudes artísticas fruto de la genética musical acumulada en el mexicano Juan José Laboriel, extraordinario músico que instruyó personalmente a su hijo Abraham Laboriel el cual, por su parte, acabó siendo un extraordinario bajista de sesión y grabó con artistas como George Benson, Ella Fitzgerald, Joe Pass, Aretha Franklin, Stevie Wonder y un larguísimo etcétera. Un curriculum inigualable. Ya solo le faltaba plantar un árbol y tener un hijo. Hizo las dos cosas. Y además de un árbol no identificado, nos dio a su hijo Abe Laboriel Jr, nacido en California que, con el ritmo en el ADN, acabó siendo un mago con las baquetas.

El caso es que siempre me preguntaba quiénes eran esa especie de Zipi y Zape ya crecidos que tocan lo que les echen al lado de Paul McCartney en todas sus giras y siempre delante de ese baterista de color (de color negro, como precisarían los Luthiers) y que ya aparecieron en este libro en el homenaje a Jim Marshall.

Efectivamente, son Rusty Anderson, Brian Ray y Abe Laboriel. California los alumbró y el destino los unió como músicos de estudio en el trabajo de Paul, *Driving Rain* (2001). Ya no se separarían. Curiosamente esta formación lleva más tiempo sacando discos que los propios Beatles y, por supuesto, que Wings. Formación a la que habría que añadir al incombustible Paul Wickens. Wickens es un multi-instrumentista británico que normalmente se ocupa de los teclados en los conciertos en directo y en muchos de los trabajos de estudio de Paul McCartney. Hubiera sido imperdonable olvidarnos de este experimentado músico por una razón poderosísima. Si nos preguntamos quién es el músico que más tiempo ha compartido tablas con Paul McCartney, probablemente nos venga inmediatamente a la mente a John Lennon. Pero el primer encuentro de ambos en la fiesta parroquial de Woolton fue en 1957 y el 'divorcio' más o menos en 1969. Es decir, la pareja duró doce años. Dieron mucho de sí, pero fueron doce años, uno por cada compás que necesita una canción. La otra opción quizás nos lleve a pensar en Denny Laine, pero Wings estuvo en activo desde 1971 hasta 1981, es decir, una década. La cuestión es que Paul Wickens lleva con McCartney desde 1989 y siguen juntos. Y la presencia de Wickens no es precisamente en un papel secundario, ya que es el director musical de las giras de McCartney en directo. Es decir, la persona que le dice a todo el mundo involucrado en el sonido del directo qué es exactamente lo que tiene que hacer. Dicho esto, todo apunta a que van a cumplir más de treinta años en los escenarios de todo el mundo aunque se me antoja que el apellido Wickens no aparecerá en una estrella del paseo de la Fama de Hollywood al lado de la de Paul McCartney. Y es que su actual grupo es una formación sin nombre, sin historia, sin pasado y con una sola imagen posible: la de Paul McCartney. Pero solo él sabe qué significa 'ser' Paul McCartney.

Paul McCartney sabrá quién 'es' siempre y cuando, claro está, Paul McCartney 'sea', es decir, tendríamos que dar por desechable la leyenda urbana de su muerte. Las leyendas urbanas se alimentan de indicios y algunas de ellas están profusamente documentadas. Por ejemplo, la que sitúa los huesos de los tres Reyes Magos en un sarcófago ubicado detrás del altar mayor de la catedral alemana de Colonia viene avalada por la presencia del sarcófago en cuestión, que impresiona por su tamaño y recargada decoración. En el polo opuesto, nos encontramos con la leyenda de los caimanes asesinos rampando por el alcantarillado de Nueva York sobre la que no existe ningún indicio de confirmación. La chica de la curva tenía muchos testimonios supuestamente confirmatorios, pero todos se demostraron falsos.

En medio de estos ejemplos contrapuestos, nos encontramos con una recopilación de indicios más o menos descabellados o ligeramente inquietantes en torno al fallecimiento de Paul McCartney en accidente de tráfico, entre los que destacaría el que me hace más gracia. Dicha prueba irrefutable consiste en que al final de la canción de «Strawberry Fields Forever» se oye decir clarísimamente a John Lennon: "I buried Paul" (Yo enterré a Paul). Tan clarísimamente que en realidad lo que dice es *Cranberry sauce* (salsa de arándanos). Ya se ve que se parecen muchísimo. Como para no equivocarse.

Según sea de extravagante la fuente a la que se acuda, también se pueden encontrar versiones en las que Paul realmente no muere, pero debido a que el rostro le queda completamente desfigurado se recluye en su casa de Escocia mientras que un doble graba sus compromisos promocionales. Uno de los más conocidos sustitutos fue William Campbell, al que John Lennon haría referencia en «The Continuing Story of Bungalow Bill» (diminutivo de William) en el estribillo: "Hey, Bungalow Bill, What did you kill, Bungalow Bill?". Los supuestos indicios encriptados que anunciaron la muerte de Paul son de sobra conocidos, así que no los relataremos de nuevo.

Pero creo que sí merece la pena recordar a otro de los supuestos dobles de Paul McCartney. Nos referimos a Terry Draper. Reclutado por su *macartniana* voz, fue el percusionista de la banda canadiense de rock progresivo Klaatu, en activo desde finales de los setenta hasta principios de los ochenta. El sonido de esta formación estaba claramente influenciado por los Beatles. Este hecho, unido a la nula información que se ofreció del grupo en el lanzamiento de su primer álbum, hizo correr rápidamente el rumor de que se trataba de un proyecto de los propios Beatles bajo otra identidad. Pero esta es otra leyenda urbana y en realidad yo tendría que haber situado a Klaatu en la sección de las bandas orientadas al apropiacionismo beatle. Quizás la canción más conocida de este grupo fue el temazo «Calling Occupants of Interplanetary Craft», popularizada por los Carpenters en 1977. Sea como fuere, Klaatu es por mérito propio una magnífica banda que no debemos perder de vista cuando queramos revisar música extraordinaria de los años setenta, sobre todo sus dos primeros álbumes *3:47 EST* (1976) y *Hope* (1977).

Era inevitable acordarme de estas cosas después de escuchar el otro día un tema de Paul McCartney de 2014, «Hope for the Future». Paul parece ser tan solo un recuerdo en ese holograma que tenemos tan asociado a las personas fallecidas, como en la película *Superman*, cuando Christopher Reeve ve el mensaje de su padre (Marlon Brando) instantes antes de la destrucción de Krypton. Y realmente parece que Paul ya no existe en este tema en el que solo puedo apreciar una recopilación de pequeños retales ya compuestos por él mismo 'en vida'. Recursos armónicos usados tantas veces antes en otros temas. Sí, en ocasiones veo muertos.

Hope for the Future

George Harrison

George Harrison en las sesiones fotográficas de *All Things Must Pass.*

Como ya hemos detallado al inicio de este capítulo, consideramos el álbum *All Things Must Pass* una de las obras maestras de George en solitario. Claro, a nadie se le escapa que semejante arsenal de temas fue el fruto de haber ido recopilando canciones durante su época como 'tercer *beatle*'. Temas que entonces no vieron la luz ante la aplastante primacía del binomio Lennon-McCartney. En este contexto parecen comprensibles los deseos de George Harrison de abandonar la banda, con la que construyó una relación ambivalente. Algo similar a un "ni contigo ni sin ti" que se ve reflejado en dos temas de su carrera en solitario que delatan su sútil enganche a la banda. Nos referimos a «All Those Years Ago» con la que rinde homenaje a John Lennon en el álbum *Somewhere in England*, y «When We Was Fab» compuesta con Jeff Lynne, perteneciente al álbum *Cloud Nine.*

Otra opción para tratar de entender ese poso de nostalgia es fijarse detenidamente en la mirada de George Harrison, ya crecidito, mientras visiona un vídeo de la primera época de los Beatles, interpretando «This Boy». La expresión de su cara es un entrañable poema sin desperdicio.

George Harrison visionando «This Boy». Su cara es un poema a la nostalgia.

Volviendo a *All Things Must Pass*, el tema que da título al álbum se remonta a las sesiones de grabación del *White Album* (1968). Hago referencia a este dato porque no deja de ser curioso que la canción fuera rechazada entonces, pero muchos años más tarde (2002), en el concierto tributo a Harrison en el Royal Albert Hall de Londres, resultara uno de los temas elegidos por Paul McCartney para homenajear a su compañero de banda. Es dificil de entender cómo entró en el *White Album* la ocurrencia experimental «Revolution 9» y se descartó «All Things Must Pass». En fin, me temo que ahora no merece la pena darle vueltas a estas cosas. En realidad, creo que Paul McCartney hubiera preferido este tema a «Revolution 9» pero Lennon fue muy intransigente a la hora de proponer su inclusión, llegando a sostener incluso que "esa era la dirección que debían tomar los Beatles en el futuro." Este desafío solo podía ser una provocación dado que los trabajos en solitario de John Lennon, en su aplastante mayoría, distan bastante de esa onda experimental.

En todo caso, solo quería dar una razón, aunque habría más, para clasificar *All Things Must Pass* como un álbum de culto. Y esa razón es «Beware of Darkness». A mi modo de ver, uno de los temas cumbre de Harrison en solitario. Una maravilla de la sutileza.

El álbum, como es sabido, reúne a muchos viejos conocidos además de Ringo Starr, Klaus Voormann, Eric Clapton, Billy Preston, Alan White –que fue el inmenso batería del grupo Yes–. En fin, una superbanda.

Dicho todo esto, hay una cosa a mi juicio insoportable en este álbum. El sonido. Todo el rato tengo la sensación de que están en un cuarto de baño grabando con un magnetófono. Tampoco puede decirse que la producción del ínclito Phil Spector contribuya muy positivamente en mi valoración final.

Por otra parte, el ingeniero de sonido es Ken Scott, que empezó como ayudante de George Martin y participó como ingeniero en algunos temas de *White Album* y *Magical Mystery Tour.* Como ya recordé anteriormente, también ha producido discos a David Bowie, como es el caso de *Ziggy Stardust*, a cuyo sonido no tenemos nada que objetar, más bien al contrario. Ignoro qué ocurre, pues, con el sonido de este disco que no me parece a la altura de la calidad de los temas.

Todavía con la estela del éxito alcanzado con *All Things Must Pass*, George se propuso organizar un concierto en Nueva York junto con su profesor de sitar y buen amigo Ravi Shankar, en beneficio de la población de Bangladesh. Esta región estaba asolada por las consecuencias del conflicto territorial con

Pakistán, a lo que se añadió el ciclón tropical Bhola, uno de los más devastadores de todos los tiempos, en el que fallecieron más de trescientas mil personas.

El concierto suscitaba la atractiva posibilidad de reunir a los cuatro *beatles* sobre el escenario lo que, lamentablemente, no llegó a suceder. En todo caso, es una auténtica efeméride dado que estamos hablando del primer concierto benéfico en la historia del rock. Y George Harrison fue el artífice.

George interpretó temas de su último trabajo y también de su época *beatle*, a los que siguieron actuaciones con diversas combinaciones, entre otros Billy Preston, Klaus Voormann, Badfinger, Eric Clapton, Ringo Starr y Bob Dylan, este último permanentemente acompañado de su inconmensurable ego. Harrison fue muy paciente con él. Tampoco resultó del todo sencillo manejar a Clapton, muy enganchado a las drogas por aquella época.

John Lennon declinó la invitación porque su intención, al parecer, era actuar junto a Yoko, a lo que George no accedió. (Era un concierto serio). Paul, por su parte, lo consideró una reunión muy prematura, con las heridas jurídico-procesales de la separación de los Beatles todavía por cerrar. Tampoco contribuía a la reconciliación tener el tema de Lennon, «How Do You Sleep?» en las listas de éxitos. Como era previsible, entre tanta diva, Ringo no planteó ningún problema.

Los que sí dieron problemas, y graves, fueron EMI y CBS (la compañía de Dylan) relacionados con la explotación de los *royalties*, lo que unido a la aparición masiva de copias piratas provocó que, mientras la población de Bangladesh sufría, no hubiera un horizonte temporal razonable para contabilizar beneficios que repercutieran en mejorar sus condiciones de vida. Finalmente, George, de su propio bolsillo, extendió el cheque para los damnificados. Así era George Harrison.

Después de estos trabajos, Harrison siguió editando álbumes de forma más o menos estable hasta completar la docena, pero he de decir que, de toda su discografía oficial en solitario es en su octavo álbum, titulado *George Harrison* (el sexto, si prescindimos de los experimentos *Wonderwall Music* del 68 y *Electric Sound* del 69), donde encuentro un mayor desfase entre el tono general de las críticas que recibió en su día, más bien desfavorables, y mi propia valoración de este disco, netamente positiva.

Como ya advirtió George Martin, Harrison no es un *destajista* de la composición, como podría ser el caso de Paul McCartney. George Harrison, necesita estar inspirado para componer. Y para estar inspirado tienen que pasarte cosas en la vida. Desde este punto de vista, hay que decir que se daban condiciones vitales de una cierta intensidad para su catarsis emocional. Y es que la concepción de las canciones de este álbum se abre paso entre la muerte de su padre en mayo del 78, el nacimiento de su único hijo Dhani y el matrimonio con la madre del muchacho, Olivia Arias. Por no hablar de las condiciones ambientales, ya que algunos de sus temas fueron compuestos en Hawai y las Islas Vírgenes.

George Harrison escribiendo «Here Comes the Moon».
Fotografía de Mike Salisbury.

Pero hay otro dato aún más significativo. Lo que da título a este álbum es su propio nombre: *George Harrison*. Y este detalle es como el mensaje de la campaña publicitaria del queso García-Baquero: "Cuando un fabricante le pone su nombre a su producto, es que se siente muy orgulloso de lo que hace". George Harrison quería, también orgulloso, mostrarse a sí mismo como pretendió hacerlo Paul con su primer trabajo en solitario, *McCartney*.

La producción del álbum fue confiada a Russ Titelman, que años más tarde alcanzaría gran renombre por su trabajo con el *Unplugged de* Eric Clapton. Creo que hay que citarlo porque el sonido de este disco, grabado en los estudios del propio Harrison en Friar Park, es elegante, muy limpio y significativamente más elaborado que en trabajos anteriores. En esta línea de pulcritud, la sección de cuerda fue grabada en el AIR studio, el sello fundado por George Martin cuando se fue de EMI, y se nota. Siguiendo con algunas anotaciones reseñables de los créditos, cabe decir que en el excelso tema que abre el álbum, «Loves Comes to Everyone», Eric Clapton se ocupa de la guitarra solista. Y se ve que disfruta con el tema porque en su disco de 2005, *Back Home*, nos ofrece una magnífica versión del mismo. La percusión es obra de uno de mis intérpretes favoritos, Ray Cooper. Percusionista habitual de Elton John, y que en los conciertos en directo, su medio natural para explayarse, siempre está inmenso. *Music for Montserrat* y el concierto homenaje a Harrison son buena prueba de sus desaforados recursos como percusionista.

Paul con Rusty, Brian, Abe y Paul Wickens (foto de MJ KIM).

Entre los temas sobresalientes, además del que ya he citado, nos encontramos con «Not Guilty», un tema de George descartado del *White Album*, o «Here Comes the Moon» que, sin seguir la línea argumental de «Here Comes the Sun», es casi tan sublime como éste. Su habitual homenaje a la fe en Dios lo encontramos en «If You Believe» y, en las antípodas de esta temática, dedica «Faster» a Jackie Stewart y Nicki Lauda, reconociéndose como un incondicional seguidor del todopoderoso y el nada místico circo de la Fórmula 1. La vida es para entendidos.

Para terminar la aproximación a este álbum, nos encontramos a un George Harrison reincidente con el Re mayor, vistos los buenos resultados de «Here Comes the Sun». Este trabajo incluye tres temas en este tono: «Blow Away», «Your Love Is Forever» (que en opinión de su autor "es tan buena como «Something», aunque nunca sobresaldrá porque no es de los Beatles") y la extraordinaria «Dark Sweet Lady», compuesto a petición de Olivia Arias, que le reclamó una canción de aire español aunque George finalmente confesó que le sonaba hawaiano-española. Un feliz mestizaje.

De todas formas, uno de mis discos favoritos de George Harrison es el anterior al que acabamos de detallar, y esta vez con consenso de crítica y público. Me refiero a *33 & 1/3*. Es un álbum de 1976 en el que cuenta en la producción con el gran músico Tom Scott, que también ha trabajado con Paul McCartney y Ringo Starr. Además tenemos, cómo no, a Billy Preston a los teclados. El accidentado proceso de grabación contrasta bastante con el tono positivo de las composiciones, todas buenas, ya que en esa época Harrison padeció una hepatitis fruto de su dependencia del alcohol, y coincidió con la demanda por infringir los derechos de autor del tema «He´s so Fine» en su canción «My Sweet Lord». Se ve que en plena madurez compositiva, George se toma las cosas con cierta distancia ya que en una de las canciones del álbum, «This Song», ironiza precisamente a costa del proceso judicial en cuestión.

Sea como fuere, en este disco no hay ninguna canción mala. Como apuntaba, todos los temas son buenos cuando no directamente excelentes, como en el caso de «It´s What You Value», «Pure Smokey» o «Learning How to Love You», que comparten esa sofisticada elegancia sensual *cool jazz* que en ocasiones exhibe Harrison en sus creaciones.

Tras su disolución, como ya he comentado, los Beatles volvieron a liderar otras bandas en diferentes momentos de sus carreras, como la Plastic Ono Band (Lennon), Wings (McCartney) o The All Starr Band (Starr), aunque ninguna adquirió el misterio y la grandiosidad del supergrupo que impulsó George Harrison. Se trata de los Traveling Wilburys, ya inmortales, con únicamente dos LPs (oficiales) en las baldas. Una de las razones del interés que despertaron se debía a la supuesta anónima identidad de sus integrantes aunque, obviamente, todo el mundo sabía que se trataba de George Harrison, Bob Dylan, Jeff Lynne, Roy Orbison y Tom Petty. Unos advenedizos, vaya. Como ya es sabido, la primera reunión solo tenía la pretensión de grabar el tema «Handle with Care» como cara B del single extraído del trabajo de Harrison *Cloud Nine*.

Bob Dylan, Jeff Lynne, Tom Petty, George Harrison y Roy Orbison.

Demasiada canela en rama para una cara B. Por otra parte, parece ser que la experiencia les resultó muy gratificante, por lo que decidieron grabar un LP juntos que salió a la calle en 1988. Todos los integrantes aparecían en los créditos bajo seudónimos con el apellido común Wilbury.

Para un seguidor de los Beatles es tremendamente llamativo ver a Harrison marcando la pauta y liderando un grupo después de haber acabado en los Beatles recibiendo reproches sistemáticos en torno a su eficacia como compositor y guitarrista. Pero aún es más asombroso si reparamos en el hecho de que uno de los integrantes de ese grupo es Bob Dylan y otro Roy Orbison. Ahí fue cuando comprendí que Harrison debía ser una persona muy especial. Creo que ningún músico en el mundo hubiera sido capaz de aglutinar, tras conseguir convocar a Dylan, semejante supergrupo. Resulta chocante que todo este proyecto fuera puesto en funcionamiento por "el hombre invisible". La metáfora no es mía. Se trata del título de la minuciosa biografía sobre George Harrison que escribieron Javier Tarazona y Ricardo Gil (Editorial Milenio).

Creo que, desde un punto de vista psicológico, es el que más interés me ha suscitado de los cuatro beatles. Sobre todo porque el segundo plano fue su hábitat natural durante la década beatle tras la sombra, inmensa, del duo Lennon-McCartney. Hay una gran eclosión en el *White Album* con «While my Guitar Gently Weeps» y la indudable influencia de Eric Clapton, precisamente a partir del momento en que los Beatles ya no eran un grupo. También Geoff Emerick dibuja a un Harrison inseguro con la guitarra, poco creativo y a veces errático. Quizás una valoración demasiado dura pero previsible en un técnico que era conocido como 'el hombre de Paul'.

Yo no puedo ocultar que siento debilidad por las personas que se sitúan en un discreto segundo plano, como es el caso de Harrison, que desde esa incómoda posición construyó un estilo reconocible y de gran sensibilidad. George, como ya subrayé, está muy influenciado por la música hawaina, era un maestro de la guitarra *slide* y nos ha regalado un puñado de canciones perfectas.

John Lennon

El 1 de abril de 1973 John Lennon y Yoko Ono fundaron Nutopia. Se trataba de un país conceptual, sin tierra, ni fronteras, ni pasaportes. En realidad hay muchas naciones conceptuales ahí fuera si le echamos un vistazo al periódico pero, en todo caso, ahora quería entender Nutopia como la metáfora del Lennon-después-de-los-Beatles, etapa en la que desarrolla una producción más bien escasa y muy irregular pero que siempre parece responder a un posicionamiento ante la vida, ante el mundo y ante sí mismo.

John Lennon tuvo tres bandas, siendo la más conocida la Plastic Ono Band, que precisamente da nombre a su primer álbum post-Beatles. En él encontramos algunas canciones estupendas entre las que destacan, a mi juicio, «Isolation» y «Love». Después de esta banda, Lennon recurrió al grupo de Nueva York Elephant´s Memory, formación totalmente prescindible por sí sola de la que podríamos destacar como mérito sus canciones para la banda sonora de la película *Cowboy de medianoche*. Con ellos, John y Yoko grabaron el infumable *Some Time in New York*. Quizás nunca peor dicho porque da la sensación de que se trata de un trabajo producto de estar significativamente fumado. Finalmente, debemos citar a Dirty Mac, una superbanda creada con motivo de la grabación del *Rock & Roll Circus* de los Stones en 1968, es decir, cuando en realidad John todavía estaba en los Beatles.

Creo que uno de sus mejores discos es *Walls and Bridges* (1974), donde todo es bueno. El asesinato de Lennon provoca que finalice su carrea musical con brillantez magistral, ya que podríamos recomponer una auténtica obra maestra a partir de *Double Fantasy* y el póstumo *Milk & Honey* tomándonos la molestia de borrar para siempre de ambos trabajos las 'canciones' de Yoko Ono. No es nada personal, digamos que no son de mi agrado.

Con el nacimiento de su hijo Sean en 1975, Lennon dejaría de lado su carrera musical para, según sus palabras, ocuparse de su hijo y hacer pan en casa, tarea para la que, por cierto, fue instruido convenientemente por Rosaura, la empleada gallega ocupada de las tareas del hogar. No era el único empleado en el servicio del Dakota: Además de Rosaura, el asistente personal de Lennon era Fred Seaman, un hombre predestinado para este empleo ya que el padre de John se llamaba Fred y era marinero (*seaman*). Coincidencias en las que los psicólogos nos gusta reparar.

También hubo algunos amagos de retomar su relación perdida con Julian, pero no tuvieron demasiado éxito.

Sin embargo, en el verano de 1980, tanto Lennon como Ono volvieron al estudio de grabación para comenzar a componer. John aprendió a navegar y en una de sus singladuras echó el ancla en las Bermudas, donde alquiló una casa. Allí compró algunas cintas, grabadora y demás elementos para empezar a hacer grabaciones domésticas. Llevaba casi cinco años sin componer, así que no podemos evitar preguntarnos acerca de las razones por las que retomó la actividad creadora. A mi me vale el marco incomparable de las Bermudas, que es algo parecido a lo que encontró George Harrison en Hawai o las islas Vírgenes. Ya me referí en un capítulo anterior a la importancia del contexto, además del momento vital, a la hora de encontrar la inspiración.

Sobre estas grabaciones caseras hay una muy entretenida *app* que lleva por nombre *John Lennon: The Bermuda Tapes*, cuyos beneficios están destinados a Why Hunger, una organización que trabaja por la erradicación del hambre en el mundo. Podemos encontrar en ella algunas *demos* de lo que iba a configurar el citado *Double Fantasy*.

John Lennon pilotando el barco de 12 metros de eslora *Megan Jaye*.

Y en el capítulo de preguntas sin respuesta, también cabe incluir: Después de *Double Fantasy*, con el que recuperamos una de las mejores versiones de John Lennon, ¿de qué nos privó su asesino, Mark David Chapman? ¿Qué canciones sublimes no escucharemos jamás del hombre que en el trabajo cotidiano para el que iba a ser su último disco, se autoexigía mejorar en cada composición con la frase "Soy el tipo que compuso «A Day in the Life»"?

Tratando de buscar una respuesta intenté seguir sus huellas por Nueva York en 2009 con motivo de la exposición *John Lennon: The New York Years*. A pesar de la servilleta de papel en la que Lennon escribió «Imagine», su tarjeta verde para residir y trabajar en los Estados Unidos, la guitarra con la que tocó junto a Elton John en el Madison Square Garden o sus gafas circulares, no encontré la respuesta a mi pregunta y, por supuesto, no creo en absoluto que la encuentre flotando en el viento. Afortunadamente se puede adivinar algo en el *Anthology* al escuchar una canción compuesta en su apartamento del Dakota en torno a 1977, cuando los Beatles llevaban más de siete años separados, y que en un giro inesperado del destino se convierte en una de mis canciones favoritas de este grupo.

John Lennon con Elton John.

Este milagro, que parece obra de la máquina del tiempo, no es solo un alarde técnico. Fue posible cuando, en el marco del proyecto *Anthology*, Paul le pidió a Yoko Ono material inédito de John Lennon. Yoko le entregó una cinta con varias canciones, entre las que se encontraba «Free as a Bird».

Y digo que el milagro fue no solo técnico porque, *a priori*, no parecía una empresa precisamente fácil que Paul, George y Ringo completaran juntos el esbozo que dejó Lennon. De hecho, y cruzando testimonios varios, los tres compartieron el temor de que aquello podría haber terminado sin ningún resultado en apenas el primer encuentro. Supongo que todos cedieron en algún momento. De hecho, a la hora de transigir, tengo la hipótesis de que fue Paul, siempre tan directivo, quien tuvo que hacer un esfuerzo adicional en virtud del crédito que tenía acumulado George Harrison después del ninguneo que soportó en la era *beatle*. La bronca por el punteo de «Let It Be» era, por poner un ejemplo conocido por todos, un guión imposible a estas alturas de la vida.

La primera dilación fue provocada por Ringo, que retrasó la primera sesión de grabación porque estaba esquiando. Pero aquí se acabaron los problemas con Ringo Starr, que grabó su pista de batería y dejó la canción totalmente en manos de los otros *beatles*. Para la producción, George Harrison 'impuso' (probablemente sin comillas) a Jeff Lynne, con quien ya había hecho varios trabajos, además de compartir grupo en los Traveling Wilburys. Esto generó una cierta tensión inicial sobre el procedimiento para tomar decisiones. En todo caso, si supuso un problema para Paul, debió cambiar pronto de opinión sobre las competencias de Lynne ya que algún tiempo después contó con él para producir su álbum *Flaming Pie*.

Una vez iniciadas las sesiones, otra de las reticencias de Paul era la maravillosa guitarra *slide* que graba George para la canción. Lleva la inconfundible firma de Harrison, y Paul temía que la canción acabara sonando a «My Sweet Lord». Claro que, por otra parte, la estrofa que canta Paul es inequívocamente *macartniana*, así que al final todo el mundo estuvo contento con la suma de las partes. El puzzle que salió a la venta en diciembre de 1995 no es una canción con las sinergias Lennon-McCartney de otro tiempo pero, a pesar de todo, acabó sonando a los Beatles. Al menos era, por fin, algo 'nuevo' (aunque lleve comillas) del mejor grupo del mundo.

Donde quiera que estés, gracias John por no borrar aquella cinta,... y gracias a Yoko por entregársela a Paul McCartney.

Pero antes de sentirse «Free as a Bird», hubo una época en la vida de John Lennon que él mismo denominó el "fin de semana perdido" (*lost weekend*). Ese fin de semana perdido fueron en realidad dieciocho meses muy brillantes desde un punto de vista creativo. Su posible sensación de libertad era ficticia, ya que estaba verdaderamente sometido al alcohol y las drogas. Son dieciocho meses a caballo (nunca mejor dicho porque, claro, no todo fueron porros) entre 1973 y 1974, bastante documentados en la bibliografía existente sobre el personaje, pero es en el artículo *Cuando Lennon fue malo y libre*, del periodista Julián Ruiz, publicado en el periódico *El Mundo* en 2013, donde encontramos un mayor esfuerzo de síntesis. El reto es admirable, ya que se trata de un periodo en la trayectoria vital de Lennon que cualquier mortal necesitaría varías vidas para siquiera emular vagamente, un conjunto de vicisitudes que en su caso claramente tiende a infinito. Desde mi punto de vista, y en medio de la maraña de incidencias, creo que deberíamos destacar algunos personajes femeninos.

John Lennon con May Pang.

En primer lugar May Pang, la mujer con quien compartió ese aparente fin de semana perdido tras su primera separación de Yoko Ono. Primera parada: Los Angeles, donde John para solucionar sus problemas de liquidez, y de la mano de May, vende a Ringo la casa donde grabó «Imagine», además de solicitar un adelanto de *royalties* a Capitol Records. La relación con May Pang es difícilmente clasificable. De alguna forma es consentida por Yoko y está bendecida por Cynthia, con quien comparte salidas a Disney, acompañadas ambas de Julian. También con Cynthia, John y May comparten salidas nocturnas como la que tuvo lugar en el club Trobadour, de Santa Monica Boulevard donde John, cómo no, bebe exageradamente y acaba poniéndose un tampón como corona en la cabeza. La camarera se niega a servirle más alcohol, a lo que John replica que no sabe quién es él. La camarera le replica que sí: "un gilipollas con un tampax en la cabeza". En ese momento, sin duda, la mejor respuesta posible.

Entre el discreto encanto burgués de Cynthia, la devoradora fagocitación de Yoko y la bondadosa conformidad de May existe un denominador común. Sin caer en la psicología de sobremesa, podríamos decir que son las diferentes caras maternales que John brama en su bello tema «Mother» ("Madre, tú me tuviste, pero yo nunca te tuve"), musita con nostalgia en «Julia» o con tristeza en «My Mummy´s Dead». En ellos encontramos a un Lennon casi siempre dependiente que llega incluso a la disolución de su propia identidad, al menos si atendemos a una de las posdatas de sus cartas a Paul McCartney tras la separación: "Lo que nos dejó perplejos fue que pidieras que nos viéramos sin Linda ni Yoko. Creía que ya habías entendido que soy JOHNYYOKO".

John también fue dependiente del alcohol en el *lost weekend*. En todo caso, a pesar de esta exhibición de su vulnerabilidad personal, a Lennon no siempre resulta fácil entenderle. Y es que las personas no somos monocromáticas. Cada individuo se comporta de modo diferente en función del escenario de conducta y con quién se relacione. Esta es la razón por la que ante determinados individuos tenemos la sensación de ser mejores personas (como Jack Nicholson ante su enamorada Helen Hunt en la película *Mejor, imposible*). Aunque también los hay que hacen más salientes nuestros peores defectos. Nuestra personalidad es, en definitiva, poliédrica. Este último efecto en virtud del cual sale lo peor de nosotros en contacto con ciertas personas ha sido acuñado en el ámbito de la inteligencia emocional con el nombre de 'personas tóxicas'. John Lennon se cruzó con algunas de ellas en el *lost weekend*. Y no fueron precisamente ni la fagocitadora Yoko Ono, ni mucho menos sus otras dos 'madres', Cynthia y May, quienes dibujaban el espejo más destructor de John.

Yoko, a fin de cuentas, a pesar de tener al mejor músico del siglo XX recluido en el Dakota, hizo revivir su lado más paternal y hogareño, dejando de ser una esponja de whisky para centrarse en la educación de su hijo. Para llegar a esta conclusión no me hago eco de las declaraciones de biógrafos, periodistas, examantes o colegas de pubs nocturnos. Doy por bueno el testimonio de Rosaura López, la asistenta que estuvo en su casa entre 1976 y 1980.

Mi foto favorita de John & Yoko.

Otro asunto diferente y que a mí siempre me ha causado cierta perplejidad ha sido el comportamiento de Yoko Ono tras el asesinato de John Lennon. Y creo que es la misma perplejidad que le suscitó a la periodista Lesley Ann Jones, que en un artículo publicado en noviembre de 2015 se hacía las siguientes preguntas: ¿Por qué Yoko parecía mucho más feliz después de la muerte de John? o ¿Por qué parecía explotar la memoria y el legado de John para la fama personal?

La clave para intentar formular las respuestas a estas preguntas quizás las podamos encontrar en el pintor y coleccionista Sam Havadtoy. Probablemente amante de Yoko Ono antes de que fuera Lennon asesinado, a juzgar por el hecho de que se mudó al Dakota al día siguiente del crimen. Havadtoy y Yoko se separaron en el año 2000, así que estuvieron juntos veinte años, el doble aproximadamente de lo que duró el matrimonio con John aunque, no obstante, Yoko Ono siempre ha puesto a la venta su imagen de "viuda de Lennon". En fin, asuntos personales que nos interesan más bien poco, pero que en cierto modo nos ayudan a entender mejor la psicología de los personajes.

Así que volviendo al tema en el que estaba, a saber, la lista de personas tóxicas con las que Lennon tuvo relación en esta época, debemos referirnos en primer lugar a un viejo conocido nuestro: el productor Phil Spector, que durante el fin de semana perdido trabajó con Lennon en el álbum de versiones *Rock & Roll*. Se trata de un personaje (Spector, encima tiene nombre de villano cinematográfico) con evidentes problemas mentales que no me consta fuera diagnosticado por ningún especialista a pesar de su evidente personalidad psicopática y que en estos momentos se encuentra en prisión por el asesinato de la actriz Lana Clarkson en 2003. Es sabido que solía presentarse en los estudios con una pistola con la que llegó a amenazar a John en una ocasión, a lo que éste respondió muy alterado: "Dispara, dispárame, pero no me dejes sordo, por favor, que es de lo que vivo". La frase no deja de ser temeraria considerando que el asesinato de Clarkson fue causado por un tiro en la boca.

Otro poco edificante personaje tóxico, y no solo en el plano psicológico, fue Harry Nilsson, un alcohólico a quien John incomprensiblemente produjo un álbum cuando, entre patéticas borracheras, sus fuerzas les permitían sostener una guitarra. El escenario de las inspiraciones etílicas fue una casa en Santa Monica alquilada por May Pang, por la que también pasaron Ringo Starr, Keith Moon, Stevie Wonder y el propio Paul McCartney, cuya visita, a los mandos de la batería, o el piano, según se terciara, no duró demasiado. Digamos que el ambiente no reunía la seriedad con la que Paul se ha tomado siempre el trabajo de hacer música. Como ya señalamos en el capítulo inicial, tiene, en todo caso, la importantísima relevancia histórica de que fue la última vez que tocan John y Paul en un estudio y, además, tuvo el efecto colateral de que proporcionó la suficiente claridad a John para darse cuenta que Nilsson estaba destruyendo su vida. De alguna forma, parece que echó de menos los viejos tiempos con Paul McCartney.

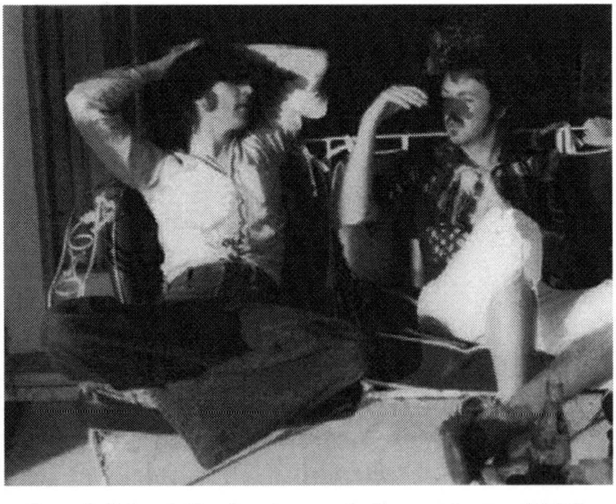

Foto de John & Paul en la casa de Santa Monica (1974),
probablemente la última de ellos dos juntos.

Y es que John fue una persona algo compleja desde el punto de vista psicológico. Conocer a alguien significa que, ante una situación dada, se puede hacer una predicción acertada de cómo va a reaccionar y la sensación que tengo es que, para las personas que compartieron su vida, no siempre resultaba alguien previsible.

Fiel al secreto profesional, el psicólogo americano de John, Arthur Janov, jamás desveló ninguna clave para poder desenredar la madeja de una personalidad compleja, contradictoria pero de gran sensibilidad artística.

Con el fin de encontrar algunas respuestas al enigma se puede acudir al libro editado por Hunter Davies titulado *Las cartas de John Lennon*. Como ya saben se trata de una compilación de cientos de cartas manuscritas por John que, debemos recordarlo, murió sin conocer el correo electrónico. Quiero decir con esto que, como señala Davis, la reacción inmediata de John Lennon ante la mayoría de las emociones era escribir y eso puede facilitarnos la tarea de construir al menos una aproximación a su perfil psicológico.

Como suelo hacer cuando me compro un libro, lo primero que hice con este fue leerme la última página mientras recordaba el aniversario de la grabación de «Please Please Me». Por aquel trabajo cada uno de los cuatro de Liverpool cobró siete libras y diez chelines. A pesar de ser una cantidad ridícula, parece que John hacía tiempo que sabía el camino que le tenía reservado el destino. En la última página del libro de Davies hay una nota de John escrita cuando tenía ocho años. La inmortalizó en un libro de autógrafos de celebridades que coleccionaba su primo Stanley. La nota decía «By Hook or by Crook, I'll be last in this book», algo así como, por una razón u otra, seré el último en firmar este libro.

El futuro con los Beatles sin los Beatles

Como ya he apuntado en diversas ocasiones a lo largo de estas páginas, los seguidores de los Beatles siempre vivimos con la fantasía de un reencuentro. Pero un reencuentro de verdad. Me refiero a los cuatro grabando en Abbey Road bajo la marca The Beatles y sacando, aproximadamente, un disco cada uno o dos años. Cada uno con sus proyectos individuales, pero encerrados en los estudios de vez en cuando, al menos durante un tiempo. Seguramente con esa cadencia y con la fiebre de los noventa de reagrupación de antiguos grupos renaciendo de sus cenizas como Beach Boys, los Who, Roxy Music, Led Zeppelin, etcétera, hasta los hubiéramos visto de nuevo de gira. No, claro.

Despierta. El asesinato de Lennon frustró lo que en teoría era algo posible, aunque se llegó a contemplar la posibilidad de la reagrupación sustituyendo a John por Julian Lennon. Muy improbable, de acuerdo… pero posible.

Pero como de lo posible se sabe demasiado, he pensado que podría ser un buen momento para seguir hablando de cosas imposibles.

Me refiero a un grupo, inexistente claro está, denominado por ejemplo The New Beatles, formado por Lennon, Harrison, McCartney y Starkey. El matiz es que no me estoy refiriendo a los 'Fab Four', sino a sus hijos, Julian y/o Sean, Dhani, James y Zak. Podría ser motivo de un interesante debate en torno a la influencia del ambiente y la genética en el comportamiento, ya que los cuatro, con mayor o menor recorrido, han seguido los pasos musicales de sus respectivos padres.

James McCartney en el Cavern Club.

En todo caso, James McCartney ya ha pisado las tablas en The Cavern, donde ha actuado en alguna ocasión. También ha colaborado en varios discos de su padre y la primera noticia que tuve de él fue con un solo de guitarra de su propiedad para la canción «Heaven on a Sunday» del disco de Paul *Flaming Pie*.

Julian Lennon.

De Julian supimos mucho antes: con once años, aporreando la batería en el trabajo de su padre *Walls & Bridges*, "el mejor disco en solitario de un *beatle*" en palabras de Elton John. El primer disco de Julian, *Valotte*, fue muy prometedor, pero su carrera musical posterior, si es que se puede hablar de carrca musical, ha sido muy irregular. Al escuchar su último disco *Everything Changes*, publicado en 2011, es imposible no acordarse de su padre.

Para los amantes de la guitarra, Dhani Harrison –que estuvo en todo momento sobre el escenario acompañando a músicos de la talla de Jeff Lynne, Tom Petty, Eric Clapton, Billy Preston, o los mismísimos Paul y Ringo, con motivo del impresionante concierto homenaje a su padre– está al frente de una aplicación para la *tablet* de Apple que permite acceder a la historia de cada una de las guitarras de George. Un viaje apasionante para cualquier amante de la guitarra. Ha liderado los grupos Thenewno2, Fistful of Mercy con Joseph Arthur y Ben Harper, ha hecho música para películas y en 2017 ha publicado un interesantísimo álbum en solitario titulado *In///Parallel*.

Dhani Harrison.

Zak Starkey, por su parte, es un muy solvente batería de la actual formación del legendario grupo The Who, también ha colaborado con Oasis y, por supuesto, en proyectos con su padre.

Zak Starkey.

Así que, únicamente por probar: Los cuatro en un escenario, aunque sea por una vez, solo una vez, tener a Lennon, McCartney, Harrison y Starkey en directo. Y luego cada uno a lo suyo. En realidad, no solo se me ha ocurrido a mí. También a James McCartney se le pasó por la cabeza. O al menos, en su día, hubo una agencia de noticias que difundió unas supuestas declaraciones suyas en las que aventuraba la posibilidad de reunir a los cuatro hijos que, en algún caso, serían como primos ya que Dhani suele referirse al padre de Zak como "el tío Ringo". El punto de partida de estas declaraciones de James fue encomiablemente prudente: "No creo que sea realmente tan bueno como los Beatles o mi padre, pero definitivamente han influido en mí".

En todo caso, con el debido respeto, aun le daría un consejo adicional: que nadie lidere la banda, que se dejen asesorar por alguien externo. Un 'George Martin: nueva generación' que bien podría ser precisamente su hijo Giles. Por varias razones. Una de ellas es que, según mis datos, en la actualidad Dhani

Harrison es el que mejor formación musical tiene y, claro, sería muy incómodo que Julian Lennon o James McCartney cayeran en la tentación de reproducir viejas dinámicas. Sería tremendamente inapropiado.

Otra opción muy socorrida, y desde luego más viable, para sobrevivir sin los Beatles es asistir a los conciertos de los grupo tributo. Una oportunidad interesante en este sentido fue el concierto celebrado el 2 de julio de 2015 en la plaza de toros de las Ventas de Madrid, que conmemoró el 50º aniversario del ofrecido por los propios Beatles. Los extraordinarios Pekenikes actuaron en aquella ocasión de teloneros de los 'Fab Four' y, cincuenta años después volvieron a subirse a un escenario para calentar los motores del grupo protagonista: un clon llamado The Bootleg Beatles.

Cabe decir que lo más auténtico del concierto fue la actuación de unos incombustibles Pekenikes, ya abuelos, riéndose de sí mismos y caricaturizando el inexorable paso del tiempo en sus cuerpos, pero ejecutores aquella noche del mejor rock clásico. El concierto de los Bootleg Beatles fue divertido, pero uno no podía quitarse de encima la sensación de estar en el programa televisivo *Tu cara me suena* al ver sus conseguidas caracterizaciones de John, Paul, George y Ringo. Ofrecieron un repertorio algo convencional, en el que la única muestra de *Revolver* fue «Yellow Submarine». Ni rastro de *Rubber Soul, Help* o *Beatles for Sale*. Del *White Album*, «Obladi-Oblada», y una versión acústica de «While my Guitar Gently Weeps» con la que no consiguieron hacer justicia a un álbum inconmensurable.

Y es que, como en el citado programa de Antena 3, las caracterizaciones, los gestos, las poses, incluso la ejecución de los instrumentos, eran muy meritorias pero hay que imitar la voz del artista. Y como bien saben los peritos de fonética forense, nuestra voz es única e irrepetible, como las huellas dactilares. Y si todas las voces son irrepetibles, las de los cuatro de Liverpool, más. Sí, maldita sea, era una copia. Qué pena.

En todo caso parece que la noticia del concierto fue fagocitada por el supuesto fraude cometido por el periodista José Luis Álvarez al publicar un disco con la grabación del auténtico concierto que los Beatles ofrecieron de verdad en las Ventas hace cincuenta años. Es innegable que resulta llamativo esperar cincuenta años para publicar una grabación de los Beatles, pero cada uno entiende las oportunidades a su manera.

Sin embargo, todo apunta a que la grabación es un 'corta y pega' de los conciertos en directo de los Beatles en París (1965) y Tokyo (1966), aderezados con la introducción en español que Paul McCartney hizo de una canción en el concierto de 1989 en Madrid.

Como es natural, la respuesta del periodista no se hizo esperar y emitió un comunicado amenazando con emprender acciones legales contra quien le difame por este asunto. Lo cierto es que para que exista delito de difamación tiene que darse, entre otras condiciones, el llamado *animus iniuriandi* o *animus difamandi*, es decir el dolo, consistente en la conciencia y voluntad de lesionar el honor, y mucho me temo que el señor Alvárez no es tan importante como para despertar un ánimo difamatorio. Simplemente, hay gente a la que no le gusta que le den gato por liebre.

Portada del vinilo con la supuesta grabación del concierto de Madrid.

En este manual de supervivencia sin los Beatles, podríamos sumergirnos en la lectura de todos los cómics que se han publicado sobre los Beatles, para la cual es muy recomendable la obra de Enzo Gentile *The Beatles in Comic Strips*, en la que detalla una exhaustiva recopilación de cómics que han tenido a los Beatles como protagonistas, lo que sin duda ha contribuido a convertirles en iconos de la estética pop. En todo caso, mi secreto para sobrevivir sin los Beatles es reunirme de vez en cuando con mi hermano o con amigos –o yo solo, si es necesario– para tocar un buen puñado de canciones de su repertorio. Infalible.

Imagen sacada del libro de Enzo Gentile *The Beatles in Comic Strips.*

Otra alternativa en esta vida sin los Beatles, sin duda más lógica, sería ir a un concierto de Paul McCartney. De hecho, estuvo en Madrid el 2 de junio de 2016 y absolutamente todo el mundo que me conoce esperaba verme por allí. Pero no pudo ser. Las expectativas de mi presencia eran tales que valoré seriamente la opción de hacerme una camiseta con la leyenda "Yo NO fui al concierto de Paul McCartney". Los que me conocen bien saben que lo de la camiseta no sería para ostentar nada, sino para flagelarme. Y es que a alguna mente perversa, con una personalidad sin duda psicopática, se le ocurrió organizar un concierto del más grande compositor vivo de música pop entre semana. Sé de lo que hablo (me refiero a lo de personalidad psicopática) porque mientras muchos de ustedes se lo pasaban en grande en Madrid, yo estaba dando una clase sobre Psicopatía. Guiños inesperados del destino.

Dando una clase sobre Psicopatía justo el mismo día que tuvo lugar el concierto de Paul en Madrid.

En todo caso, debo confesar en honor a la verdad que ese concierto me daba miedo. Como confesé a mis allegados, empatizo tanto con Paul que sufro muchísimo con la merma de facultades de su otrora prodigiosa garganta, de la que ya hemos hablado.

Pero sin duda, el clarividente Adolfo Iglesias tenía razón cuando me advirtió de que si hemos añorado tantas veces las canciones que jamás llegaron a componer George Harrison o John Lennon debido a su prematura muerte, si fantaseamos durante años con la idea de una nueva reunión de los Beatles que Mark D. Chapman arruinó para siempre, sería injusto reprochar ahora a un incombustible Paul McCartney que nos siga regalando su presencia en los escenarios aunque sea sometido a las inexorables leyes del tiempo.

No es frecuente que se solape en el tiempo el seguir en la carretera con homenajes más propios de aquellos que ya solo se dedican a recoger los frutos de una vida, o que son cadáveres ilustres. Y Paul, que por fortuna nunca murió como ya hemos demostrado y sigue dando conciertos por todo el mundo, recibe premios extraordinariamente prestigiosos, como el George Gershwin, o el John F. Kennedy. Estos galardones premian la cultura popular americana y, sin embargo, fueron concedidos al músico británico en diferentes momentos del año 2010. Como dijo el presidente Obama en la gala del premio Gershwin: "Sí, Paul, nosotros te robamos". Una frase que parecía un guiño agradecido a su actual esposa, la norteamericana Nancy Shevell.

Paul McCartney reconocía en una entrevista que si de niño, echado sobre la alfombra del salón de su casa escuchando a su padre tocar piezas de George Gershwin al piano, le hubieran dicho que algún día ganaría un premio con su nombre, sencillamente no lo hubiera creído.

En cuanto al Kennedy Center Honors, en realidad Paul fue seleccionado como homenajeado en 2002, para otorgárselo el año siguiente. Lamentablemente McCartney declinó el reconocimiento debido a una "obligación personal ineludible". La obligación era la boda de un primo suyo, planeada meses antes de la invitación. En agosto de 2003 el comité del Centro Kennedy, visiblemente airado, emitió un comunicado de una frase en la que proclamaba que Paul McCartney no iba a recibir un Kennedy Center Honor ese año "ni ningún otro" (el entrecomillado es mío, pero el tono era ese). Años más tarde, pelillos a la mar (que llegaron desde el río Potomac, en cuya orilla se alza el Centro John F. Kennedy donde Paul recibió el más alto honor que concede el Gobierno de Estados Unidos por su contribución a la cultura estadounidense).

En ambos conciertos de homenaje a Paul McCartney –y a los Beatles por extensión– hay muy buenas actuaciones intercaladas con otras, a mi juicio, prescindibles. En el celebrado en la Casa Blanca con motivo del premio Gershwin, disponible fácilmente en Internet, me parece absolutamente genial la versión jazzística de «Blackbird» a cargo de Herbie Hancock y Corinne Bailey Rae, y se me saltan las lágrimas, literalmente, cuando otro británico, Elvis Costello, interpreta «Penny Lane». También actúa el propio Paul McCartney con su eficaz grupo habitual, comandado por los ya citados Rusty Anderson y Brian Ray.

Homenaje a Paul McCartney

En el concierto del Kennedy Center, repite Dave Grohl (Foo Fighters), fan confeso de los Beatles, que interpreta junto a Nora Jones «Maybe I´m Amazed». En todo caso, una de las partes más divertidas la protagoniza Steven Tyler, líder y vocalista de Aerosmith que interpreta el *medley* entero de *Abbey Road*.

Steven Tyler interpreta el *medley* entero de *Abbey Road*.

Hace unos pocos años conocí a una chica que acababa de descubrir a los Beatles. Estaba obnubilada por el entusiasmo que provoca encontrar la primera veta de oro de lo que promete ser un descomunal yacimiento. Solo había oído el *White Album*. "Así que todavía no has oído *Revolver*, claro, o *Abbey Road*, ¿no?" Pues no. Qué bienaventurada ignorancia tener una vida por delante en la que el *Sgt. Pepper* está por escuchar, pensé interiormente.

Esta sensación de descubrir lo que todavía queda por escuchar de los Beatles es una insaciable emoción bien conocida por el departamento comercial de la Apple Records, que con estudiada periodicidad publica en diferentes formatos lo que ya todos tenemos en nuestra apretada estantería. Pero creo que no siempre será así. Llegará un día en el que, quizás ideado por el equipo de investigación del CSIC que, como ya relatamos, estableció los parámetros matemáticos a partir de los cuales están compuestas la mayor parte de las canciones modernas, desarrolle un programa mediante el cual podamos escuchar los temas que, por ejemplo, Lennon no pudo escribir. Según Rodrigo Martín Noriega esto es teóricamente posible, al menos en su novela *La variable humana*, en la que su protagonista, el matemático John Farrell, quiere responder a la pregunta de qué ocurre con la música que John dejó de componer. Evidentemente, este autor ha captado de forma muy precisa nuestros anhelos más profundos e íntimos.

Y es que la ciencia ficción, siempre tan reconfortante, lo aguanta todo. Hasta el camino inverso, como aquella divertida película española de muy exiguo presupuesto titulada *El Factor Pilgrim* (2000) que cuenta la historia de un grupo de amigos que intenta sobrevivir en Londres hasta que descubren accidentalmente un documento que demuestra que las canciones de los Beatles, en realidad, fueron compuestas por un músico escocés absolutamente desconocido llamado David Pilgrim.

Cartel del film *El Factor Pilgrim*.

Quién sabe… quizás en 2050 exista el programa informático de predicción retroactiva de canciones y los Beatles reciban un Grammy por el álbum que nunca hicieron. Pero que, por supuesto, lo compraremos.

Historias increíbles pero ciertas sobre los Beatles: conexiones españolas

Francisco Gabarró y José Luis García Asensio

Tiene que haber sido emocionante conocer en persona a los Beatles. Así que siempre me ha interesado el testimonio de aquellos que han tenido algún tipo de contacto con ellos, en el estudio, en su vida cotidiana o accidentalmente. Y de entre estas personas, por afinidad patria, me embelesan las historias de españoles. "Españoles en el mundo"...en el mundo *beatle*.

Si hablamos de los estudios Abbey Road, me gustaría referirme a músicos que hicieron algún tipo de contribución esporádica en las grabaciones de los Beatles. Como ya he comentado anteriormente, sus sesiones de grabación en Abbey Road se desarrollaban en un círculo muy privado al que absolutamente nadie tenía acceso. Este círculo se cerraba con el productor y el ingeniero de sonido, los incombustibles Mal Evans y Neil Aspinall. Pero con la llegada de *Help*, para grabar «Yesterday», y sobre todo a partir de *Revolver*, los Beatles tomaron contacto con músicos 'serios' participantes en las desde entonces habituales secciones de cuerda y viento.

Entre estos músicos clásicos hay tres que me resultan sobresalientes por diferentes razones y que me gustaría recordar ahora.

En primer lugar, antes de presentarles a nuestros compatriotas, citaré a David Mason, el prodigioso solista de la trompeta barroca de «Penny Lane». Su participación en esta grabación vino facilitado por la amistad que le unía a George Martin. La primera toma fue sencillamente perfecta, por lo que Mason se quedó algo estupefacto cuando un obsesivamente perfeccionista Paul le solicitó repetirlo una vez más. "Mirad, lo siento, pero me temo que no lo puedo hacer mejor" fue la británica respuesta de un músico poco acostumbrado a considerar su excelso trabajo como una "toma falsa".

Además de Mason, mi sincero y sentido homenaje es para dos músicos españoles que tuvieron un papel protagonista en algunas de las secciones de cuerda. Uno de ellos es Francisco Gabarró, chelista que fue alumno de Pau Casals y que formó parte del cuarteto de cuerda en «Yesterday» y de la orquesta en

«A Day in the Life». En esa ocasión también Paul quiso hacer otra toma pero, según cuentan las crónicas, prefirió esperar a contar con Gabarró, que se había ausentado inesperadamente a Lérida con motivo del fallecimiento de su madre.

Mi otro homenajeado es José Luis García Asensio, genial músico madrileño fallecido en agosto de 2011, que dirigió la sección de violines del bello vals de Paul, «She´s Leaving Home» del álbum *Sgt. Pepper. José Luis* era hermano de Enrique García Asensio, al que los de mi generación quizás recordemos mejor gracias al fabuloso programa de televisión española *El mundo de la música* al que ya hemos hecho alusión anteriormente.

Francisco Gabarró, alias Gabby, y José Luis García Asensio estuvieron allí. Al lado de los Beatles. Qué fortuna. Y qué fortuna los Beatles que os tuvieron a vosotros.

Juan Carrión

Pero, además del escenario del estudio, hubo encuentros que definiríamos como más accidentales entre los que destaca, entre todos, la increíble pero verídica historia de Juan Carrión.

Juan Carrión era un venerable y sabio anciano que fue profesor de inglés en Cartagena en los años sesenta. Como por aquel entonces no había métodos de aprendizaje de idiomas, el profesor Carrión usaba en sus clases las canciones de los Beatles. Las letras las conseguía transcribiendo lo que podía mientras escuchaba Radio Luxemburgo. El problema es que siempre se le escapaba alguna expresión, alguna palabra suelta que dejaba en blanco en su cuaderno de anotaciones. Corría el año 1966 cuando se enteró de que John Lennon estaba en Almería rodando *Cómo gane la guerra*, así que cogió su cuaderno y fue a visitarlo. Cuando tuve ocasión de conocer al viejo profesor me relató que se encontró a Lennon jugando a fútbol supuestamente con Mal Evans en el jardín de la villa Santa Isabel, un palacete burgués construido en 1866 y que durante las décadas de los sesenta y setenta sirvió de alojamiento a numerosas estrellas de cine de Hollywood que rodaron en Almería. Hoy día es un museo llamado La Casa del Cine, de visita obligada. Juan Carrión, tras disculparse por interrumpirle, le pidió a Lennon que le completara los huecos en blanco de su cuaderno de notas.

Tuve la fortuna de tener ese cuaderno entre mis manos y vi las anotaciones que le hizo John Lennon con varios lápices de colores, hasta completar todas las letras que Carrión había estado recopilando apresuradamente en su cuaderno.

"-¿Pero usted sabe lo que puede valer esto, Juan?

- No sé, la verdad es que me da igual. John fue muy amable conmigo."

Desde aquel año, me confesó Juan Carrión, John Lennon le estuvo enviando a su dirección postal de Cartagena cada uno de los discos que publicaron los Beatles y todos los discos que fue sacando posteriormente John en solitario hasta que fue asesinado.

Imagen del film
Vivir es fácil con los ojos cerrados.

Probablemente, si han visto la película de David Trueba *Vivir es fácil con los ojos cerrados* les sonará esta historia. Pero si verdaderamente quieren profundizar en ella, no deben perderse el libro de Javier Adolfo Iglesias titulado *Juan y John*. Se trata del resultado de una prolija investigación periodística en el que se detalla la estancia de Lennon en Almería durante el rodaje de la película de Richard Lester y en cuyos ratos de esparcimiento compuso uno de sus temas más emblemáticos: «Strawberry Fields Forever». Que John Lennon compusiera esta obra maestra en España no deja de ser una feliz convergencia espacio-tiempo del Universo. Y parece que no fue la única convergencia feliz. Ahora, Enrique Sánchez, fundador del grupo *Los Escarabajos* e investigador del 'universo *beatle*' está tratando de demostrar que también Paul McCartney acabó «Penny Lane» en Andalucía. Su intención era hacerle una visita sorpresa a Lennon en Almería pensando que todavía seguía rodando la película citada –*Cómo gané la guerra*–cuando en su periplo algo errático por España al volante de un magnífico Aston Martin, a la altura de Bailén, descubrió que éste ya se había ido de España.

Libro *Juan y John*

Sea como fuere, el encuentro entre Juan Carrión y John Lennon tuvo desconocidos pero trascendentes efectos colaterales: El primer disco que publicaron los Beatles después de este encuentro entre Lennon y el profesor Carrión fue el *Sgt. Pepper*, seguramente una de las mejores portadas para vinilo que se haya concebido y la primera vez en la historia del rock con las letras de las canciones impresas. Parece evidente que John tuvo la feliz idea después de tener que completar en el cuaderno de Juan las letras que éste no consiguió anotar. La mayor parte de la población mundial que compra un disco ignora que el origen de encontrarse ahora las letras de las canciones tiene su explicación en el didáctico empeño de un profesor de inglés de Cartagena.

Mientras repaso los últimos párrafos de este libro, Juan Carrión se nos ha ido a la edad de 93 años en Cartagena. Para mí fue un honor y un privilegio conocer a este gran hombre que cada vez que abría la boca formulaba una sentencia llena de humildad y sabiduría. Por eso este libro está dedicado a su memoria. A su memoria y a la de Ivan Vaugham. Con Ivan empecé el libro y con Juan lo voy acabando, y a los dos les debo, de alguna u otra forma, que me encuentre en este momento dándole a la tecla mientras pienso "Beatles for Ever".

José Sanjenís Perdomo

Como recordaba en el anterior epígrafe, John Lennon mantuvo el contacto con Juan Carrión hasta que fue asesinado, episodio en el que también podemos identificar a algún enigmático personaje. No era español, pero sí de nuestra hermana Cuba.

John Lennon fue asesinado aproximadamente a las 22:50 (hora local en la ciudad de Nueva York) del 8 de diciembre de 1980. Era madrugada en España cuando en la radio de los coches patrulla neoyorquinos se pudo oír: "A todas las unidades entre Broadway y la 72: posible 245 en el Dakota", así que yo no me enteré del crimen hasta el día siguiente. Aquella fría mañana, como cualquier otro día, esperaba en la plaza San Pedro en Bilbao, al lado del quiosco de periódicos, a mi amigo Gabriel para ir al colegio. De todas aquellas caminatas matutinas desgastando mis zapatos por el puente de Deusto, en realidad solo me acuerdo con nitidez de esa mañana en la que Gabriel, antes de saludarme, me anunció solemnemente: "Han asesinado a John Lennon".

Después de tres décadas, quizás haya alguien que pueda pensar que se ha contado todo de aquel episodio. Probablemente tenga razón. Quizás, por otra parte, todavía exista algún admirador de Lennon en el planeta Tierra que, en algún momento, no haya imaginado coincidir con su asesino a la entrada del Dakota, con el único fin de evitar, de alguna forma, el crimen. Pero lo dudo. Este escondido e íntimo deseo compartido de forma colectiva pero que por pudor nadie se atreve a revelar, necesita expresarse siquiera sea en forma de ficción. De ahí el cuento de Andrés Neuman titulado «Cómo maté a Lennon». Decía este autor argentino afincado en España que decidió escribir esta historia inspirado por la última entrevista que concedió el cantante a la revista *Playboy*, en la que expresaba su deseo de consumirse poco a poco exponiéndose a la degradación de la vejez pero también a la sabiduría que ese proceso pudiera traerle. Lennon no quería morir joven, ni de forma legendaria para pasar a formar parte del Olimpo del Rock de caídos antes de tiempo. Y esto lo confesó unas semanas antes de ser asesinado.

Una de las útimas fotos de Lennon, ganando en elegancia a pesar de estar sometido a las inexorables leyes del paso del tiempo.

Por su parte, mi amigo José Carlos Martínez, al que ya cité en un capítulo anterior, en otra de sus intrigantes ucronías, resuelve el destino de una forma mucho más eficaz que Neuman haciendo que un providencial taxi atropelle mortal e instantáneamente al asesino de Lennon antes de su psicótico plan. Lo cierto es que Mark David Chapman llevó a cabo su plan urdido posiblemente como se relata en la película *Chapter 27*, dirigida por Jarret P. Schaefer, cuyo título alude a los 26 capítulos que conforman *El guardián entre el centeno*, la novela que inspiró a Chapman para cometer su crimen.

En fin, la presencia frente al edificio Dakota la noche del 8 de diciembre podría decirse que es ya un género, aunque a mi modo de ver, si observamos detenidamente la realidad, podremos comprobar que supera ampliamente la ficción. ¿No es una extraordinaria ironía histórica el cruce de caminos entre un "activista anti-americano" y un ex agente de la CIA? Porque el que SÍ estaba realmente allí era José Sanjenis Perdomo. Sanjenis fue un policía cubano que trabajó a las órdenes de Batista y que en su exilio a Estados Unidos trabajó como agente de la CIA siendo una de sus más importantes responsabilidades nada menos que la dirección de la Operación 40, una misión secreta de la agencia americana cuyo objetivo era el derrocamiento de jefes de Estado contrarios a la política de Estados Unidos. No me pregunten cómo acabó Sanjenís de portero suplente en el edifico Dakota en 1980, pero ahí estaba. Fue él quien quitó de su mano la pistola todavía humeante a un catatónico Chapman. La misma pistola ejecutora que acabó con la vida del hombre investigado durante años por el FBI por su implicación, entre otras actividades, en las protestas contra la guerra de Vietnam o por haber invitado al líder de los Panteras Negras, Bobby Seale al programa de la televisión americana *The Mike Douglas Show*.

José Sanjenís Perdomo.

De hecho, Perdomo fue colaborador directo en la Operación 40 de Frank Sturgis, nacido como Frank Angelo Fiorini e involucrado en el asesinato de Kennedy y, años más tarde, en el escándalo del Watergate.

Estos datos reales contrastados, pero tan cinematográficos, los pongo sobre la mesa para quien quiera desarrollar la teoría de la conspiración en la gran pantalla. John Lennon es asesinado justo el día que trabaja el portero suplente del Dakota que, casualmente, fue exagente de la CIA. Ahí lo dejo.

EL EX BEATLE JOHN LENNON, ASESINADO

★ *El móvil del crimen constituye un misterio*

Crónicas de JOSÉ MARÍA CARRASCAL y de BEATRIZ IRABURU

(Páginas 18 y 19)

Recorte de la primera plana de *El Correo* que conservo desde el asesinato de Lennon.

Claro que soy consciente de que esa teoría de la conspiración iba a tener poco recorrido si consideramos la evidente patología que mostraba el asesino. Se han vertido en diferentes medios de comunicación, desde la pasión por el artista, algunos improperios hacia Chapman. De hecho, en una reciente entrevista a Paul McCartney, este se refería a aquél como un "gilipollas" (es una traducción, ignoro la versión original). Pero soy psicólogo y me veo en la obligación de recordar que la descalificación no es realmente un diagnóstico.

Mark David Chapman.

Mark David Chapman es hijo de un maltratador. Tenía miedo a su padre, que agredía físicamente a su madre y, con casi total certeza, al propio Chapman. A los catorce años, acosado por sus compañeros de colegio, consumía cocaína, LSD y heroína entre otras drogas. Sufrió depresiones siendo adolescente y con 22 años intentó suicidarse conectando con una manguera de aspiradora el tubo de escape de su coche con el interior del vehículo. Su intento fracasó ya que la manguera se derritió rápidamente. En todo caso, no hace falta ser un especialista para entender que son suficientes estos datos en la biografía de un individuo para predecir una patología con una significativa relevancia clínica. El hecho de que Chapman se casara precisamente con una japonesa parece un indicio de la identificación con el personaje, muy propia de los acosadores de celebridades, de forma que asesinando a Lennon expiaría sus propios demonios internos. Esta obsesión, muchas veces delirante, unida a las alucinaciones auditivas que confiesa en sus declaraciones, nos indica sin apenas margen de duda que Chapman padecía una esquizofrenia de tipo paranoide.

Cuando se comete un crimen en el contexto de una patología psiquiátrica es lógico que en el proceso judicial se plantee una discusión forense sobre el grado de imputabilidad del acusado. Pero Chapman, en contra del criterio de su abogado, admitió su culpabilidad y se negó a hacer ninguna valoración pericial sobre su estado mental. En el año 2000, cuando ya llevaba veinte años en prisión, le fue denegada la libertad vigilada a la que tenía derecho basándose en las declaraciones que realizó al tribunal correspondiente. Su posible esquizofrenia paranoide jamás ha sido tratada ya que él no lo ha consentido. De alguna forma Chapman no quiere diluir ni un ápice de su protagonismo en el crimen con el diagnóstico de una posible patología.

Así que, de momento, descartaremos la teoría de la conspiración. Lo que realmente me inquieta misteriosamente es otra cosa. Cuando Lennon autografió el álbum de Chapman le preguntó: "¿Es esto todo lo que quieres?" No, no era todo.

Aurelia García

Pero no todo en las conexiones con los Beatles fue tan extraordinariamente cinematográfico. También hubo personas normales que hacían cosas normales y para las que, desde su visión del mundo, los Beatles eran también gente normal. Es el caso de la mujer que presentamos ahora, la que probablemente haya visto más veces a Ringo Starr en zapatillas. Y esa persona es... no, no es Maureen Cox, ni tan siquiera Barbara Bach; me refiero a Aurelia García. Gallega natural de Ferreira do Valadouro, sirvió en la casa de Richard Starkey en los años setenta.

Cuando Aurelia volvió a Galicia, Ringo le regaló uno de los trajes que usó en los conciertos de los Beatles. "Para que lo use tu marido", le dijo Ringo. El marido de Aurelia jamás se puso ese traje porque, digámoslo así, no era muy apropiado para lo que se conoce como *casual wear* en Ferreira do Valadouro. Con el fin de darle algún uso, lo recicló con la máquina de coser para confeccionar un traje pirata para la comparsa de carnaval del colegio de su hija. Finalmente, tras haber cumplido su función, fue a la basura. Se pueden encontrar en Internet chaquetas de Ringo cuyo precio de partida para subasta es de 30.000 euros. Esta es la razón por la que, para hablarnos del Ringo doméstico, del Ringo de verdad, solo me fio de Aurelia que con 19 años, recién casada, se fue a buscar fortuna a Inglaterra donde residió durante doce años. Estuvo sirviendo en varias casas hasta que la agencia le facilitó la nueva dirección donde debía personarse para una entrevista con "alguien muy importante que trabaja en Apple Records". Le gusta subrayar que en la casa de Ringo es donde se encontró más a gusto y donde mejor le trataron. También recuerda que Paul fue el que más visitas le hacía; "Al que no vi mucho es a aquel que mataron en América" apunta revisando su memoria. Y esta es su valoración sintética pero muy precisa de Ringo Starr: "Era muy serio, pero buen chico".

Aurelia García al lado del coche de Ringo.

Los Strings

En esta misma línea de ciudadanos normales están también los episodios fortuitos, como cuando yo me encontré con Keith Richards en el ascensor de un hotel en San Sebastián. Pero claro, no soy fan, así que solo hablamos del tiempo, que en Donosti da mucho juego. No ocurre lo mismo con Enrique, que sí fue fan de los Beatles, pero años después de haberlos conocido.

Enrique está ahora jubilado después de haber pasado algunas décadas montando cocinas en una fábrica. Pero en los albores de los sesenta cantaba en uno de los mejores grupos de rock de la apabullante cantera guipuzcoana.

Cuando en 1960 todavía nadie había oído hablar de los Beatles, Juan Ignacio de Lucas por ejemplo, formó parte de Los Bitters, un grupo pionero de la interminable lista de grupos de rock a los que les gusta presumir que los Beatles les copiaron el nombre. Aunque resulte chocante ahora, hubo una época en la que Irún, la Liverpool de Gipuzkoa, era más conocida por su innumerable lista de grupos de 'música moderna' que por sus *pintxos* y cocina en miniatura. Y para que la memoria colectiva tampoco olvide jamás a sus viejos rockeros, Josema Martínez, con muchos vinilos a sus espaldas, organizó la exposición *Rock Bidasoa 1960-1975*, en la que rindió homenaje a una veintena larga de aquellos pioneros de rock&roll, con muchos paneles, fotografías y recuerdos de Los Tarántulas, Los Strings, Los Cunix, Los Tercos, Los Ruidos, etcétera.

Pero lo mejor de todo fue departir con los protagonistas de aquellos grupos, hoy con las nieves del tiempo clareando sus sienes pero con el espíritu endiabladamente joven. Como Juanjo Legarda (el vivo retrato de George Martin, pero eso ya son cosas mías), guitarrista de Los Strings, que aún hoy sigue componiendo (los viejos rockeros nunca mueren).

Pero volvamos a Enrique que, precisamente, era el vocalista de Los Strings. Un día cualquiera de aquellos trepidantes años, tras reunir una sustanciosa cantidad de beneficios gracias a unas providenciales manos al póker en el casino de Biarritz, se fue con su grupo a intentar tocar algo a la entonces 'Meca del rock': The Cavern Club, en Liverpool. Cuando entraron a preguntar por el gerente, estaba ensayando un grupo que los recibió con entusiasmo. De hecho, como el bajista del grupo de Enrique estaba en ese momento bastante perjudicado físicamente por razones que ahora no vienen al caso, al subir al escenario les acompañó el propio bajista del grupo local para tocar unos temas. Allí nadie conocía a nadie y la comunicación fue un poco fallida ya que ninguno de los componentes del grupo guipuzcoano sabía inglés y, ni que decir tiene, nadie de aquel grupo británico hablaba una palabra de castellano. Pero el rock & roll no entiende de estas limitaciones. Hubo química y la despedida fue cordial, aunque jamás volvieron a tener contacto. Uno de esos temas interpretados al alimón fue «Popotitos» ("Popotitos no es un primor, pero baila que da pavor...") del grupo mexicano Teen Tops, aunque quizás nos resulte más familiar la versión de Miguel Ríos.

Aquel bajista que podía tocar todo lo que le echara el grupo irunés, «Popotitos» incluido, era Paul McCartney. Mientras, los otros tres beatles aplaudían.

Lo cierto es que Los Strings podían haber visto de nuevo a Paul McCartney si, como nos sugiere Enrique Sánchez de Los Escarabajos, Paul hubiese recalado en Irún el 9 de noviembre de 1966 en su viaje a Andalucía. Y yo, con solo tres años de edad, sin enterarme.

Incluso yo mismo

Y creo que esto es todo de momento. Bueno, quizás no. No iba a contar este episodio porque a lo mejor no tiene nada que ver con lo que realmente ocurrió. Pero lo verdaderamente importante de las historias no es cómo fueron, sino cómo las recordamos. Tenemos que remontarnos a marzo o abril de 1983. Aquella Semana Santa estaba en Londres. Era la primera vez que estaba en la capital del *beat* y, como en otros viajes por lo largo y ancho de este mundo, algún día del periplo siempre acabo tocando la guitarra en la calle. Es una experiencia que solo me daba por hacer cuando viajaba. Claro está que no siempre fue por dinero… Bueno, cuando tenía 18 años, sí.

Londres era una plaza difícil porque, como es obvio, mi repertorio callejero comprende en exclusiva el catálogo de los Beatles y, claro, no es lo mismo tocar «A Day in the Life» en Bruselas que en la capital del *beat*. Así que me armé de autoestima y busqué un lugar no muy lejos de la pensión en la que me alojaba en Charing Cross Road. Era la entrada de la estación de metro de Leicester Square en el West End de Londres.

Cuando llevaba ya un rato sin despertar demasiado entusiasmo entre los transeúntes, me puse con «I´ll Follow the Sun». No sé qué me pasa con esta canción que siempre la toco más despacio que el original, pero solo me doy cuenta del desfase cuando lo hago en casa acompañando al disco. De hecho, siempre pienso que yo la toco bien y 'ellos' van más rápido de lo normal. Son las consecuencias de tener demasiada autoestima. El caso es que, en medio de la canción, se me acerca un tipo con gafas de sol (¿en Londres?) y visera que me susurra bajito, en perfecto inglés, algo parecido a "¡Hey, es un poco más rápido!".

…¡Vale, lo voy a soltar, no me importa lo que piensen! A mí ese individuo me pareció que era Paul McCartney. De hecho, lo primero que me sobresaltó fue su voz. Conozco bien el peculiar acento y timbre de Paul. Se parecía a Paul…. Bien, vale, de acuerdo, igual no era Paul McCartney, pero lo cierto es que tampoco es descabellado encontrarse a Paul en el metro como cualquier otro ciudadano.

Paul en un vagón cualquiera del metro de Londres.

Sin embargo, un año después se estrenó la fallida *Give my Regards to Broad Street* y en una escena de la película se ve a Paul, disfrazado y simulando ser un músico callejero, apostado en la estación de metro de Leicester Square tocando una canción que no reconozco. Aunque sí sus gafas de sol.

Voy a tener que acabar reconociendo que, a veces, los sueños se hacen realidad. Como que usted me haya acompañado hasta esta página… Es mi sueño cumplido.

Foto perteneciente a la última sesión de fotos con los cuatro Beatles juntos, realizada por Ethan Russell.

Algunos libros que salvaría en un naufragio

Agüeras, Juan, *Los autógrafos de los Beatles*, Milenio, 2001.
Barrow, Tony y Bextor, Robin, *Paul McCartney: Presente y Pasado*, Edilupa, 2004.
Burrows, Terry, *Los Tesoros de los Beatles*, Timun Mas, 2011.
Carlin, Peter, A. *Paul McCartney: La biografía*, Viceversa, 2010.
Corominas, Jordi, *Matemática Beatle: Los enlaces en las canciones de los Beatles*, Lenoir, 2012.
Davies, Hunter, *The Beatles*, Ediciones B,2005.
Davies, Hunter, *Las Cartas de John Lennon*, Cúpula, 2013.
Dowlding, William, J. *Beatlesongs*, Simon & Schuster, 2009.
Emerick, Geoff y Massey, Howard, *El sonido de los Beatles: Memorias de su ingenieron de grabación*, Indicios, 2011.
Everett, Walter, *Los Beatles como músicos: de Revolver a la Antología*, Eterna Cadencia, 2013.
Fielder, Hugh y Noyer, Paul, *Los Beatles. Inédito*. Kliczkowski Onlybook, 2011.
Foenkinos, David, *Lennon*, Alfaguara, 2014.
Gendre, Marcos, *The Beatles. White Album: en los límites de la creación*, Quarentena, 2013.
Gilsanz, José Luis, *The Beatles: La guía definitiva*, Locodelos60, 2010.
Guesdon, Jean Michel y Margotin, Philippe, *Todo sobre los Beatles: La historia de cada una de sus 211 canciones*, Blume, 2013.
Harrison, George, *I, Me, Mine*, Chronicle Books, 2009.
Lewinsohn, Mark, *The Beatles. All These Years: Volume One: Tune In*, Little Brown, 2013.
Lewinsohn, Mark, *The Beatles. A Hard Day´s Night: A private archive*, Phaidon, 2016.
Marsh, Noami, *The Beatles: Across the Universe*, Oceano Ambar, 2010.
McCartney, Linda, *Life in Photographs*, Taschen, 2011
Miles, Barry, *El Diario de los Beatles*, Robinbook, 2011.

Pang, May y Edwards, Henry, *Adorable John*, Plaza y Janes, 1984
Rodriguez, Robert, *Revolver: How the Beatles reimagined Rock´n´Roll*, Hal Leonard Corp, 2012.
Sierra i Fabra, Jordi, *El asesino del Sgt. Pepper´s*, Edebé, 2005.
Sokolow, Fred, *The Beatles for fingerstyle ukelele*, Hal Leonard, 2015
Tarazona, Javier y Gil, Ricardo, *George Harrison: De Beatle a Jardinero*. Milenio, 2010.
Tarazona, Javier y Gil, Ricardo, *George Harrison: el hombre invisible*, Milenio, 1999.
The Beatles, *The Beatles. Antología*, Ediciones B, 2000.
Tiwary, Vivek; Robinson, Andrew y Baker, Kyle, *El Quinto Beatle: La historia de Brian Epstein*, Panini Comics, 2013.
Torras, Enrique, *Beatles For Sale: el éxito de todos mis fracasos*, California, 2017.

....bueno, y todos los números de la revista *The Beatles´Garden*